EXTRA mortelle ADÈLE

Une nuit avec ma baby-~~sitter~~ sittrice

bayard jeunesse

Retrouve Adèle sur www.mortelleadele.com

Créateur de l'univers original de Mortelle Adèle et scénarios : Mr Tan
Illustrations et couleurs : Miss Prickly
BD (pages 4 ; 8 ; 26 ; 32 ; 40 ; 44 ; 50 ; 54 ; 62 ; 72 ; 78 ; 88) : Diane Le Feyer
d'après l'univers graphique original de Miss Prickly
Conception des jeux : Franck Girard

Conforme à la loi n°49.956 du 16 juillet 1949
sur les publications destinées à la jeunesse.
Dépôt légal : juin 2019
ISBN : 979-10-276-0751-8
Imprimé en Slovénie

Une nuit avec ma baby-sittrice

Quand maman et papa m'ont demandé de descendre au salon, j'aurais dû me douter que c'était le début des problèmes!
Maintenant, assise sur le canapé, je comprends que j'aurais mieux fait de rester enfermée dans ma chambre. Maman fait les cent pas devant moi. Pour la cinquantième fois, elle refait la liste des choses que je n'aurai pas le droit de faire quand ma nouvelle baby-sittrice sera là. Interdiction de la disséquer, interdiction de mettre de la nitroglycérine dans son coca, ou encore de demander à un démon millénaire de prendre possession de son corps...
En même temps, va bien falloir qu'on s'occupe!
"Oui, mais si pour une fois on pouvait éviter d'avoir à déranger les pompiers..." me dit maman.
Mais ils adorent ça, j'égaie leurs samedis soirs! La preuve, tous les ans ils viennent nous refiler leur calendrier tout moche juste pour que vous puissiez organiser vos sorties!

Bon, vu la tête de papa et maman, j'ai bien l'impression qu'on n'a pas gardé les mêmes souvenirs de mes dernières soirées avec des baby-sittrices... J'avais trouvé ça mortel, moi, quand j'avais assommé Éléonore et que j'avais réussi à l'enfermer dans ma malle à jouets, ou quand j'avais réussi à faire croire à Amandine qu'il y avait bien un monstre dans le placard de ma chambre.
Mais ce soir, niet, nada, rien de rien, papa et maman sont durs en affaire!

On frappe à la porte, c'est sûrement cette enquiquineuse de Julia, ma nouvelle baby-sittrice à frange!
Bon, soyons clairs :
j'ai promis à papa et maman que je n'utiliserai pas ma catapulte sur elle, que je laisserai mon lance-flammes au placard... Mais ils ne m'ont rien dit sur le fait de la faire tourner en bourrique!
Alors c'est décidé,
cette nuit avec ma baby-sittrice,
elle va être **MORTELLE!**

Ma chambre

Sitôt papa et maman partis, Julia me demande ce que j'ai envie de faire. Mais je ne suis pas sûre que mes réponses lui fassent plaisir! Je commence à énumérer des activités possibles: empailler Ajax pour préparer un cadeau de fête des Mères, passer un coup de fil anonyme à Jade pour lui faire peur, fabriquer une poupée vaudoue de Miranda et la percer de clous rouillés... Julia change de tête, et là, c'est le pompon...

Des PERLES??! Si je sortais ma catapulte là maintenant, on pourrait dire que c'est de la légitime défense! Je fonce m'enfermer dans ma chambre, hors de question que Julia m'approche avec ses perles... Des perles, et pourquoi pas des breloques, et après ce sera l'escalade, le pire du pire, des PAILLETTES!!!
Je grimpe les marches deux à deux, je claque la porte de ma chambre derrière moi, et si cette nouille de Julia arrive, je lui souhaite bien du courage! C'est ma chambre, défense d'entrer!

Puisque cette nouille de Julia n'est pas fichue de faire des poupées vaudoue, qu'elle commence par trouver les 7 erreurs qui se sont glissées entre ces deux-là !

Adèle a tout prévu. Elle n'a qu'à tirer sur sa corde pour réserver à Julia une belle surprise. Mais a-t-elle pris la bonne corde ?

Il n'y a que 2 perles toutes blanches ! Les vois-tu ? Et à ton avis, y a-t-il plus de perles roses que de jaunes ?

EH EH EH EH !

Seulement 4 carrés correspondent à ceux qui manquent dans l'image. Les retrouveras-tu ?

Oups...
Je vais avoir
besoin d'aide
pour retrouver
ma tarentule !
NIGHT OF THE LIVING DEAD

L'heure des devoirs

Maman et papa avaient prévu le coup. Faut dire qu'ils commencent à bien me connaître, à force.

Julia a un double de toutes les clés de la maison ! J'ai l'impression que cela va être plus compliqué que prévu si je veux me débarrasser d'elle...

Alors là, va falloir qu'on m'explique. Moi je n'ai pas le droit de torturer Julia, mais elle, elle peut me faire faire des mathématiques et apprendre des poésies, je rêve ! Et moi qui pensais que la maltraitance des enfants était interdite !
Voyons le bon côté des choses, entre les divisions, les anagrammes et les questions de culture générale, j'ai peut-être une chance de la voir s'arracher la frange !

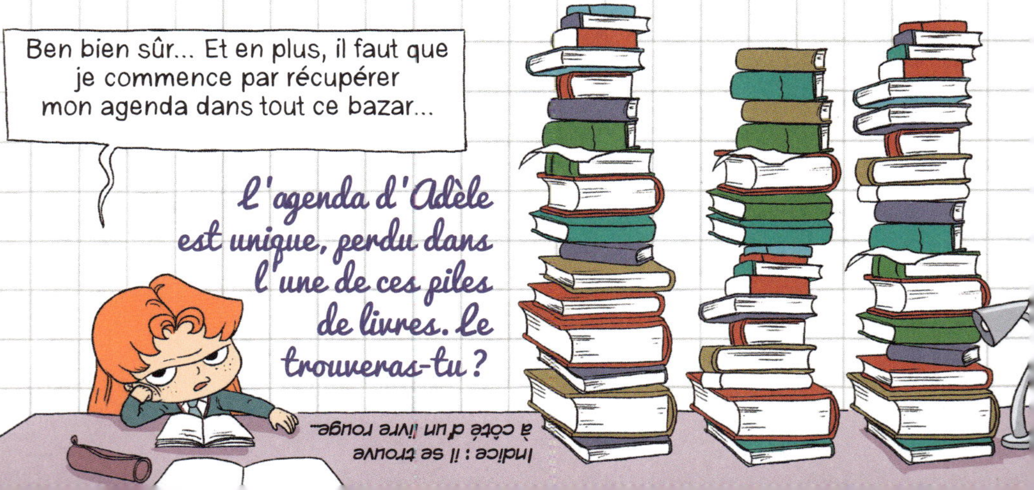

L'agenda d'Adèle est unique, perdu dans l'une de ces piles de livres. Le trouveras-tu ?

Indice : il se trouve à côté d'un livre rouge.

ORTHOGRAPHE

Aide Adèle à retrouver les 21 mots cachés dans la grille, de gauche à droite, de droite à gauche, de haut en bas, de bas en haut et en diagonale.

J	I	E	F	C	C	A	R	T	A	B	L	E	N	H
N	E	S	S	U	O	R	T	L	J	M	C	O	O	U
K	N	O	I	T	I	N	U	P	R	B	Y	R	F	Ç
V	B	A	Q	R	E	G	L	E	B	A	R	K	A	T
K	H	H	A	G	O	N	I	E	R	E	R	U	I	C
E	X	E	R	C	I	C	E	C	U	V	P	Q	N	O
B	U	L	L	E	T	I	N	R	E	N	N	U	I	N
J	M	A	T	H	E	M	A	T	I	Q	U	E	S	T
L	G	E	M	A	I	T	R	E	S	S	E	M	T	R
E	R	I	A	M	M	A	R	G	D	Z	K	W	Q	O
M	E	S	D	H	I	S	T	O	I	R	E	L	A	L
M	N	E	W	N	O	I	T	A	E	R	C	E	R	E
O	W	O	P	O	O	D	E	S	E	S	P	O	I	R
G	G	P	E	I	H	P	A	R	G	O	E	G	J	O
R	B	Y	Q	V	C	Z	B	O	R	R	E	T	N	I

AGONIE - GEOGRAPHIE
DESESPOIR - HISTOIRE
ENNUI - MATHEMATIQUES
POESIE - GRAMMAIRE
HORREUR - REGLE
MAITRESSE - BULLETIN - RECREATION
TROUSSE - CARTABLE - PUNITION - INTERRO
CRAYON - GOMME - EXERCICE - CONTROLE

745 + 589 = 1324

1245 + 329 = 1474

845 - 258 = 537

433 + 564 = 947

25 + 348 = 337

453 - 222 = 221

568 + 3 29 = 847

444 + 66 = 500

342 + 877 = 1119

326 + 325 = 651

427 - 345 = 62

Calcul

Une seule de ces opérations est bonne. Laquelle ?

Poésie

En associant ces mots 2 par 2 avec la conjonction et, reconstitue les 7 fables de La Fontaine qu'Adèle doit apprendre pour demain !

la tortue

Le corbeau

Le lièvre

l'éléphant

la cigogne

le rat

la fourmi

Le loup

le renard

Le rat

La cigale

Le renard

l'agneau

Le lion

Ma poupée JADE
Quand j'en ai marre des devoirs, je me fabrique une petite poupée défouloir. Et c'est Jade qui en prend plein la tête !

A
B

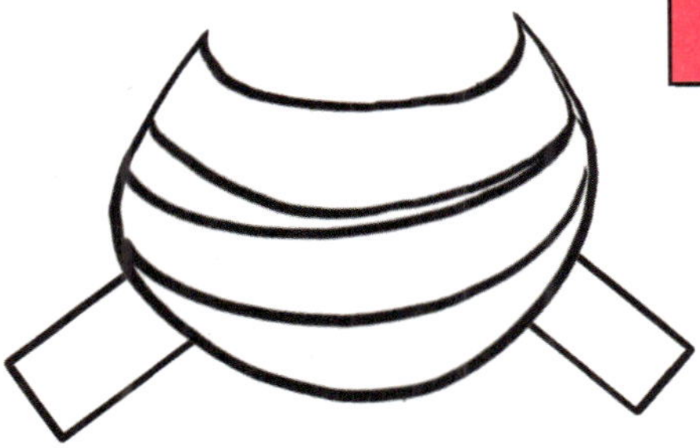

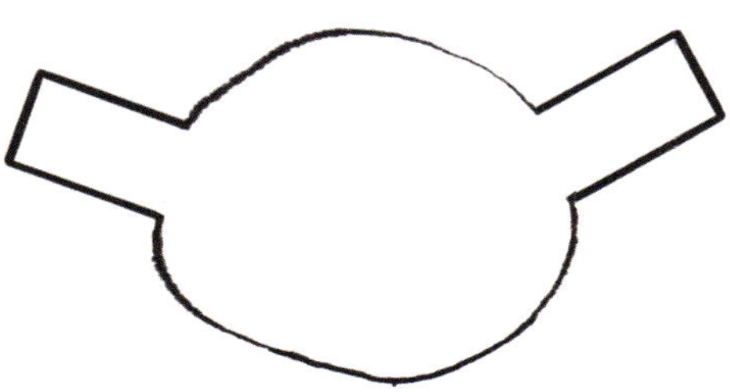

• ETAPE 1 : Découpe tous les éléments en suivant les contours.

• ETAPE 2 : En pliant les attaches des vêtements et accessoires, prépare la nouvelle garde-robe de Jade !

• ETAPE 3 : Défoule-toi ! En zombie, en dinosaure, ou en camisole, habille Jade selon tes humeurs et fais honneur au club des Bizarres !

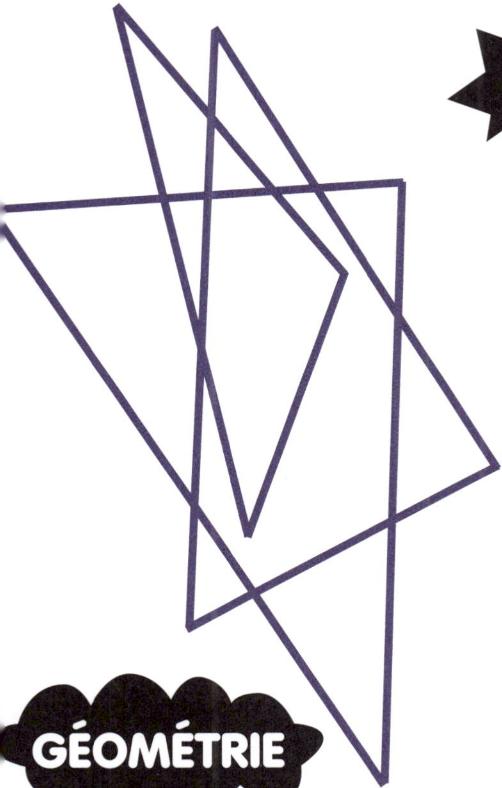

GÉOMÉTRIE

Combien comptes-tu de triangles dans cette image ?

LOGIQUE

Aide Adèle à retrouver la montre qui donne l'heure exacte, sachant qu'une montre retarde de 10 minutes, une autre avance de 10 minutes et une troisième de 15 minutes.

L'enfer !!!

Quand Julia m'a proposé qu'on fasse un jeu, j'ai vraiment cru que ça voulait dire qu'on allait s'amuser... Mais je crois que je commence à comprendre à quoi sert une baby-sittrice : à nous faire mourir d'ennui! Comme ça pendant qu'on agonise, on ne fait pas de bêtises... Non mais franchement, j'ai une réputation de petite peste à tenir moi, je vais pas passer ma soirée à jouer aux petits chevaux...
Elle va voir ce que j'en fais de ses jeux!

Chacun des 4 petits chevaux avance au meme rythme.
Trouve lequel arrivera le premier...

En partageant ce disque par 2 lignes droites reliant les mêmes chiffres,
Adèle pourra isoler les lettres formant les noms de 4 princesses de célèbres dessins animés !

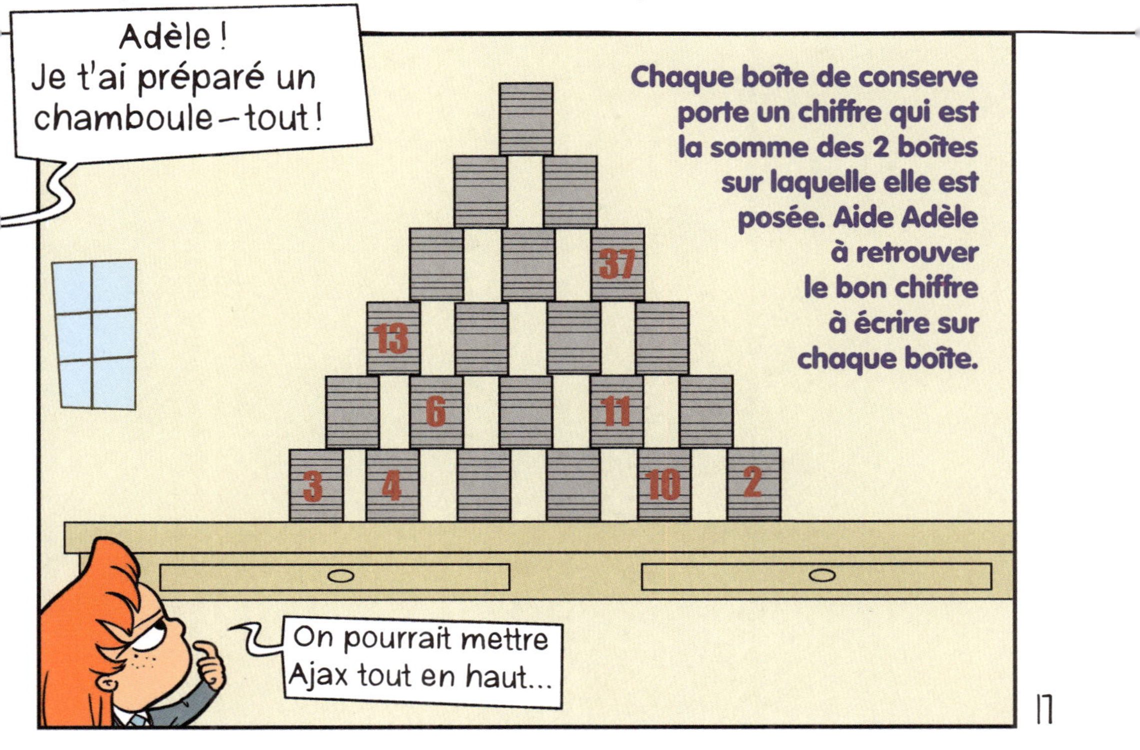

Parmi toutes les peluches numérotées, sauras-tu reconnaître celles que la baby-sittrice n'a pas mis dans la chambre d'Adèle ?

Sur quel côté du ruban la baby-sittrice a-t-elle écrit son prénom « Julia » ? Face a ou face b ?

Cache-caché

Hors de question que Julia m'oblige à jouer plus longtemps à ces jeux débiles ! Cette fois, passons aux choses sérieuses, je vais la semer une bonne fois pour toutes ! C'est ma maison et je connais tous les recoins, à force de me cacher quand maman m'appelle pour que j'aille ranger ma chambre.
Julia ne me trouvera jamais !
Première chose à faire, multiplier les pièges. Comme ça elle va comprendre à qui elle a affaire ! Chute de boules de bowling dans l'escalier, super glu sur les poignées de portes, boa constrictor dans les toilettes, et... Zut, il faut faire vite, elle arrive !

7 différences se sont glissées entre ces 2 dessins. Lesquelles ?

LE JEU DE LA DINDE

Le jeu de l'oie ? C'est dépassé ! Adèle a décidé de réinventer les règles ! Deux dindes sont lâchées dans un centre commercial, laquelle parviendra à survivre jusqu'au rayon des soldes ? Guide Jade et Miranda jusqu'à la victoire, mais attention aux pièges laissés par Mortelle Adèle...

1/ Découpe le dé en suivant les traits.

2/ Plie sur les traits et mets un point de colle sur les parties grises.

3/ Ton dé est prêt !

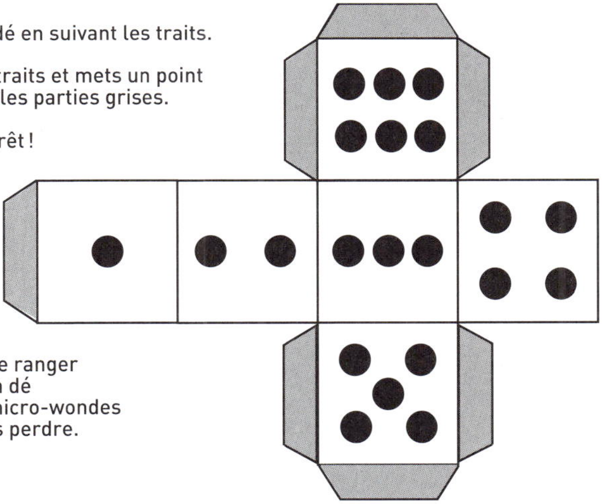

Tu peux ensuite ranger tes pions et ton dé dans ta boîte micro-wondes pour ne pas les perdre.

LE JEU DE L'ÉCHELLE

Aide Adèle à rejoindre le grenier
pour se cacher!
Si tu tombes sur une case avec un escalier,
tu peux grimper directement vers la case du haut.
Si tu tombes sur une case
avec une corde, tu glisses le long
de la corde et redescends à la case en bas...

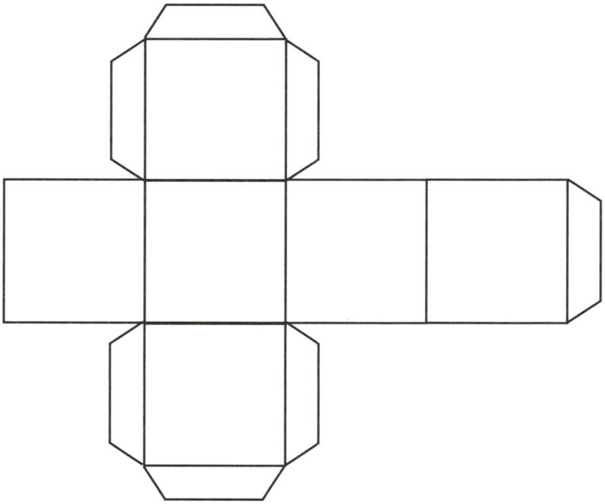

5 Tu trouves un bon de réduction ! Tu peux te rendre directement en case 21
6 Tu as pris les escaliers roulants dans le mauvais sens. Tu retournes en case 4.
12 Mortelle Adèle a mis de la glue sur la rambarde, tu restes collé ici trois tours
14 Mortelle Adèle a renversé un seau d'eau sur toi, retourne au salon de coiffure en case 3 refaire ton brushing !
20 C'est bientôt l'heure de la fermeture, tu accélères et passe directement en case 40.
Accès interdit aux dindes ! Tu retournes en case 13.
29 Mortelle Adèle te fait un croche pied, tu dégringoles les escaliers jusqu'en case 7
31 Mhmm ! Tu ferais un excellent sandwich... à la dinde ! C'est perdu pour toi !
33 Tu trouves une paire de rollers et tu fonces directement en case 46.
39 Mortelle Adèle a le dos tourné, tu en profites pour passer en douce jusqu'à la case 53.
41 Ce milkshake est délicieux, tu le savoures ici pendant deux tours !
42 Tu adores cette boutique ! Reste ici 2 tours !
47 la partie est terminée pour toi ! Ta dinde est emballée et placée au rayon des surgelés !
51 Mortelle Adèle a appuyé sur tous les boutons de l'ascenseur, tu n'avances que d'une seule case à la fois pendant 4 tours.
57 Oops... Mortelle Adèle a mis une de ses potions dans ton verre de coca, cours vite aux toilettes en case 21
SOLDES

1
2
3
4
5
8
9
10
11
12
14
15
16
17
18
19
22
23
24
27
28
29
31
32
33
36
38
40
41
42
43
44
45
46
47
48
49
50
51
52
53
54
55
56

Chaque signe correspond à une lettre. Décode ce que dit Adèle à cette pauvre baby-sittrice.

SEULES DEUX DE CES OMBRES SONT BIEN CELLES DE CETTE PESTE D'ADELE. LES TROUVES-TU ?

À table !

Elle est quand même sacrément froussarde, Julia. C'est pas ma faute si quand elle a lancé les dés, sa dinde a directement fini sur la case où elle a contracté la peste bubonique. Elle a tellement pris à cœur la mort tragique de sa dinde, qu'elle a voulu qu'on arrête de jouer à mon jeu et qu'on passe à table. Bon, quand je lui ai proposé qu'on mange de la dinde pour le dîner, j'ai cru qu'elle allait tourner de l'œil...

Je sais pas si c'est pour se venger ou quoi, mais du coup ce soir on mange végétarien. Haricots verts, petits pois, et flan de carottes... Cette Julia est peut-être plus machiavélique que je ne la soupçonnais ! Elle a deviné que les légumes étaient mon point faible ! Il va falloir ruser si je veux vider mon assiette sans ingurgiter ces horreurs...

En 3 coups de crayon, tracés en ligne droite entre 2 numéros de la grille, peux-tu décapiter toutes les carottes... sans toucher à aucun poireau ?

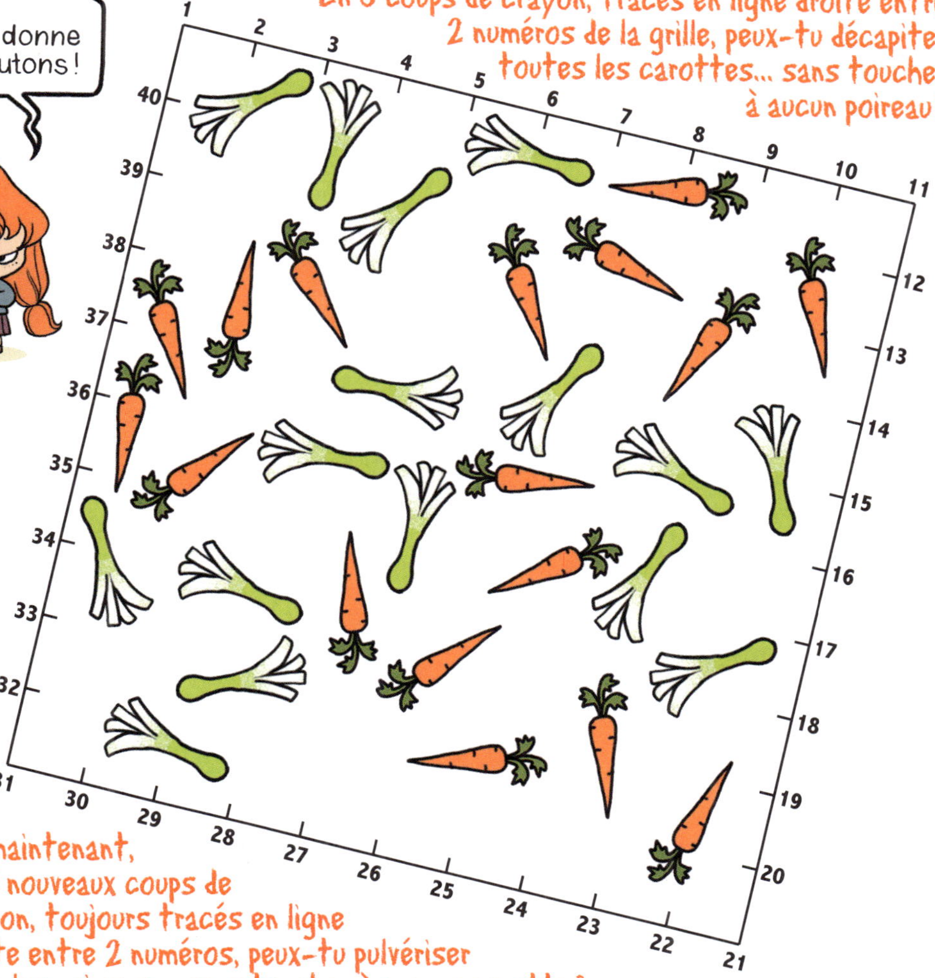

Et maintenant, en 3 nouveaux coups de crayon, toujours tracés en ligne droite entre 2 numéros, peux-tu pulvériser tous les poireaux... sans toucher à aucune carotte ?

On peut écrire plusieurs fois le mot « petit pois », et avec les lettres restantes, à toi de trouver ce qu'Adèle préfèrerait ramasser !

Aide Adèle à traverser le labyrinthe en évitant les œufs cassés…

Pour fabriquer ta boîte « Four micro-ondes », détache la planche pré-découpée suivant les pointillés. Puis retourne la page.

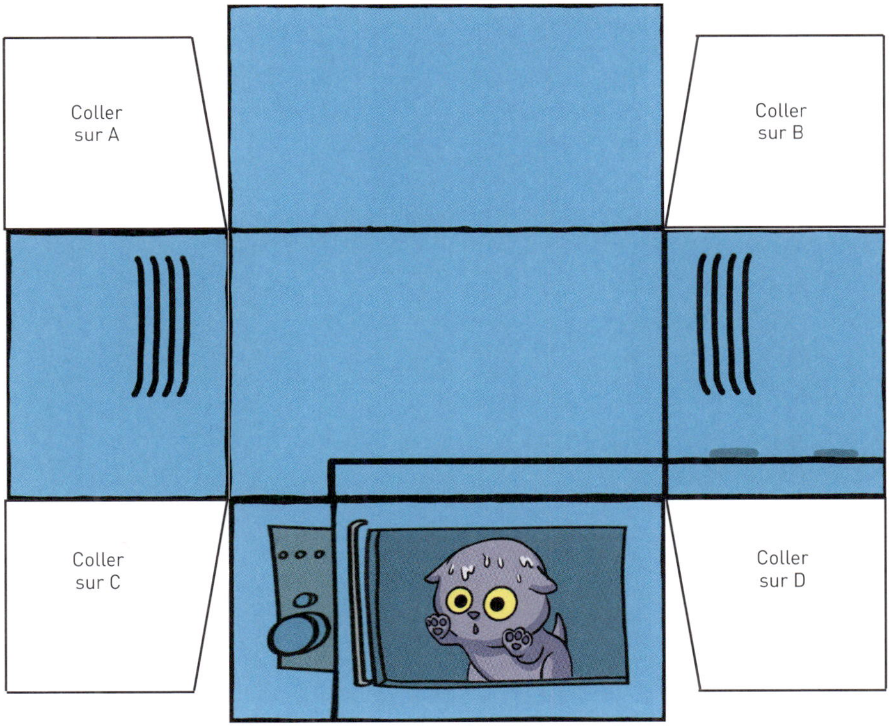

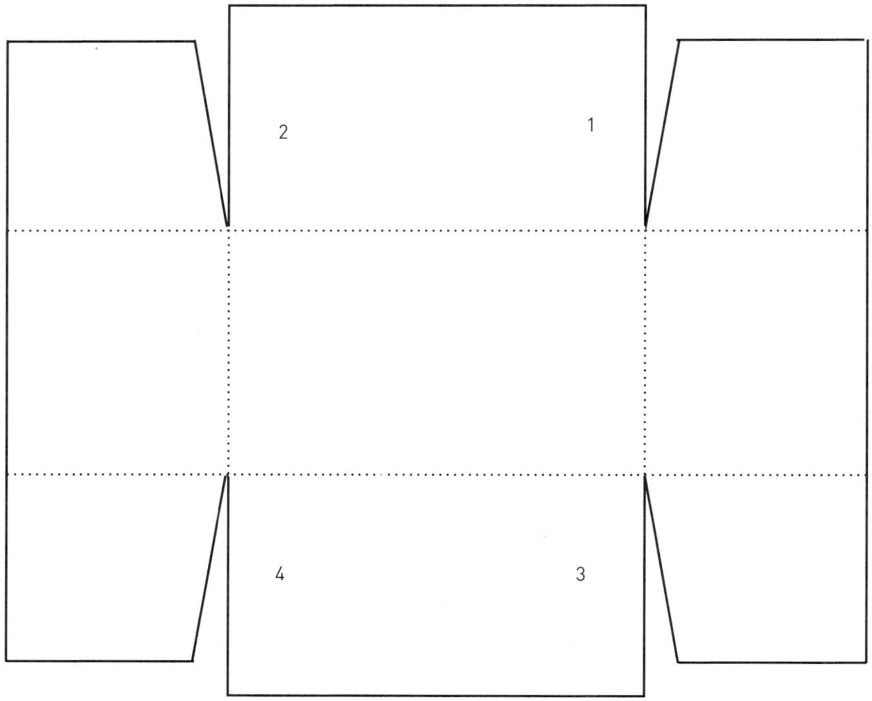

Découpe avec des ciseaux en suivant les lignes pleines. Plie suivant les pointillés. Enfin colle les 4 côtés de la boîte et de son couvercle.

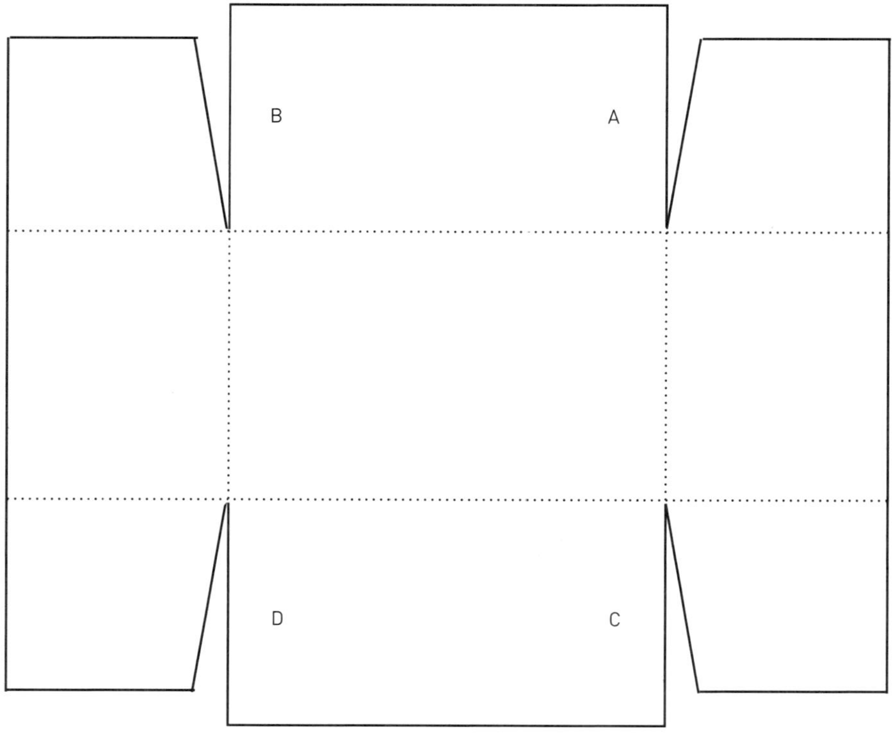

Adèle rêve de gourmandises… Aide-la à repérer les 3 seules qui sont entourées de 6 objets différents.

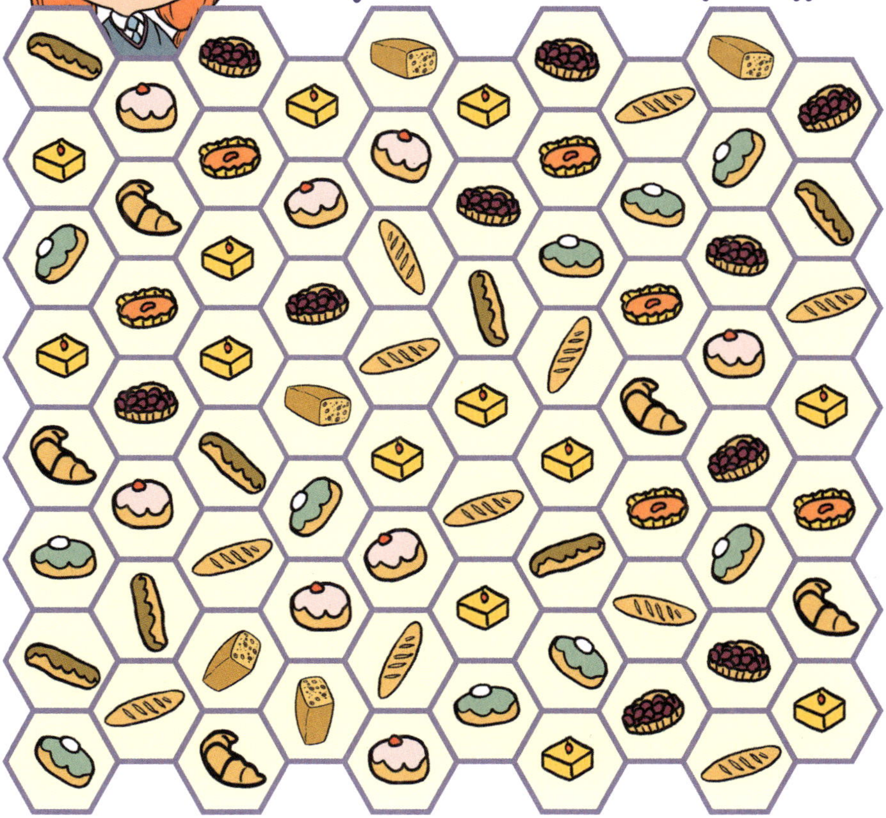

Remets ces syllabes dans le bon ordre

TEL ÉCL

MA GAU CRUM RON

TAR MI

TI FRE AIR

BLE

ETTE SU CA RA

pour former les noms de 6 gâteaux qu'Adèle adorerait avoir… !

Au grenier

Je crois bien que ma baby-sittrice n'est pas toute seule dans sa tête. Après les légumes, elle veut me faire manger des fruits! Une pomme en dessert, wahou! PFFF...

Si ça continue, je vais me transformer en arbre avant le retour de mes parents! Je subtiliserai un paquet de cookies plus tard. Pour l'instant, j'ai intérêt à me cacher vite fait. Direction le grenier, je suis sûre qu'elle ne pensera jamais à me chercher là-haut. Et si elle me cherche, elle aura fort à faire avec tous les fantômes que je vais réveiller! Ma lampe torche, ma planche Oui-Ja et mon grimoire sous le bras, je monte les escaliers sans faire de bruit. J'entends la voix nasillarde de Julia qui m'appelle, alors je me dépêche!

MA PLANCHE
OUI – JA

LA GOUTTE

❶ Détache la planche pré-découpée suivant les pointillés.

❷ Puis, suis les pointillés avec des ciseaux pour récupérer la planche Oui-Ja

❸ De la même façon, avec tes ciseaux, suis les pointillés autour de la « goutte » pour la détacher.

❹ Avec tes ciseaux, coupe une fente au mileu de la « goutte » en suivant la petite croix. Puis , évide la partie blanche avec tes ciseaux, en suivant les pointillés.

MON PENTAGRAMME

Sur le pentagramme d'Adèle, tu peux découvrir 4 petites grilles, remplies avec les 26 lettres de l'alphabet. Tu peux voir que chaque lettre est enfermée dans une petite case. Certaines ont un petit point, d'autres pas. Ainsi, elles sont toutes différentes. Le « e » est enfermé dans la case en forme de □, le « y » est dans la forme ‹•, et ainsi de suite. De la sorte, le mot «Adèle» par exemple, devient ⌟ ⊐ □ ∟• □

Grâce au pentagramme magique, tu vas pouvoir décoder les formules obscures du grimoire d'Adèle.

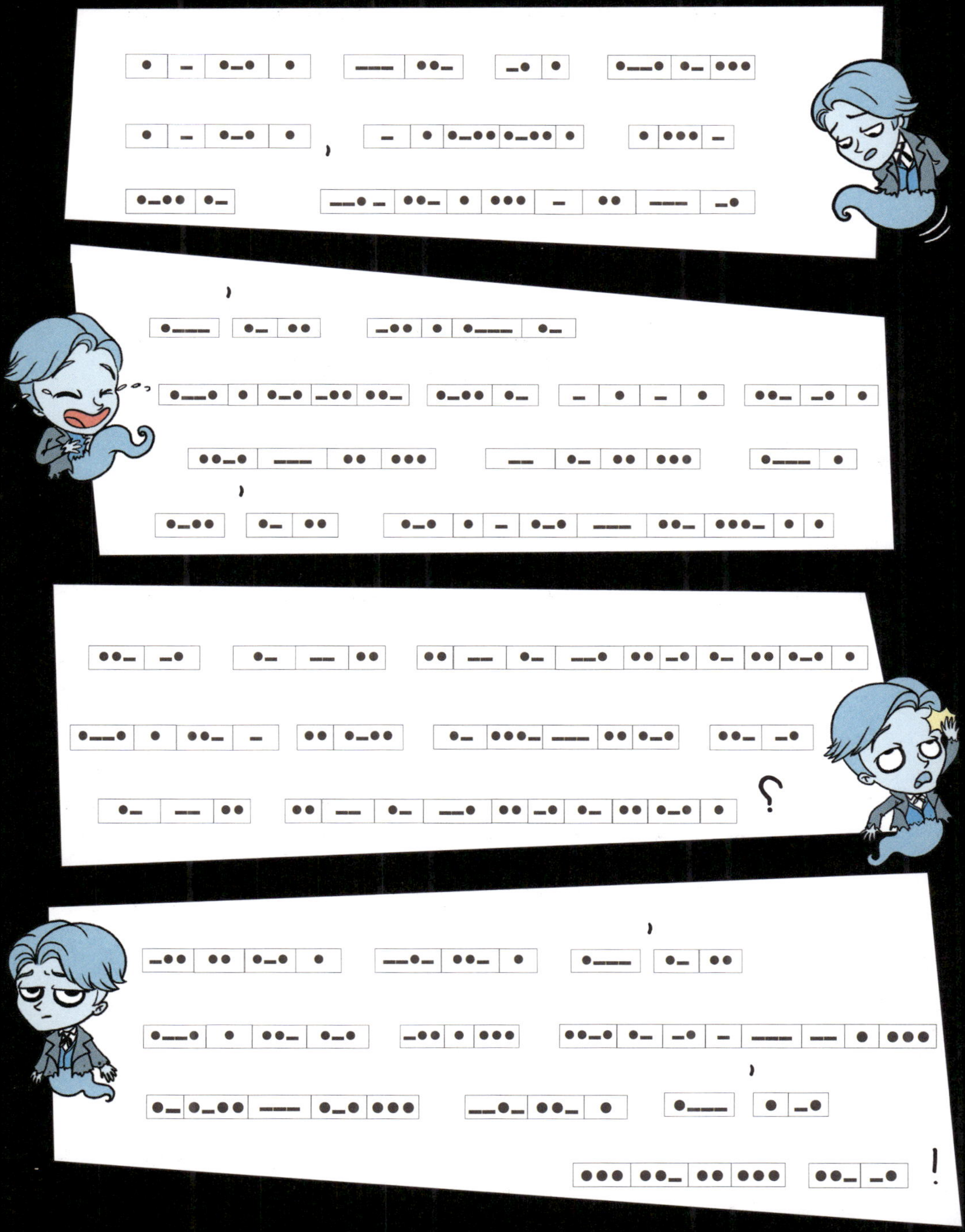

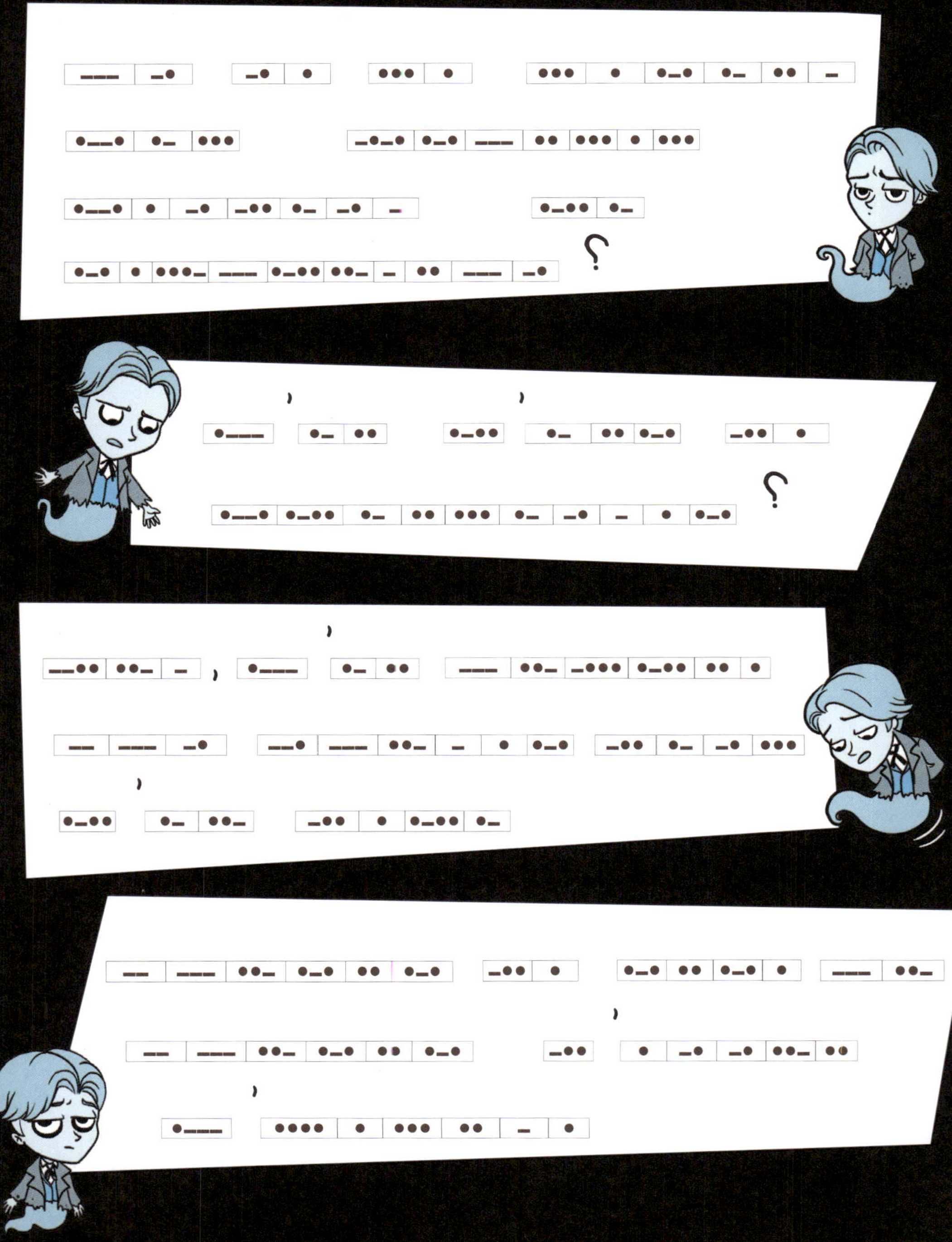

GRIMOIRE
A
E
D
L
È
Sorts et sortilèges,
potions et
formules magiques

Pour décoder ces formules magiques, du pentagramme secret tu t'aideras...

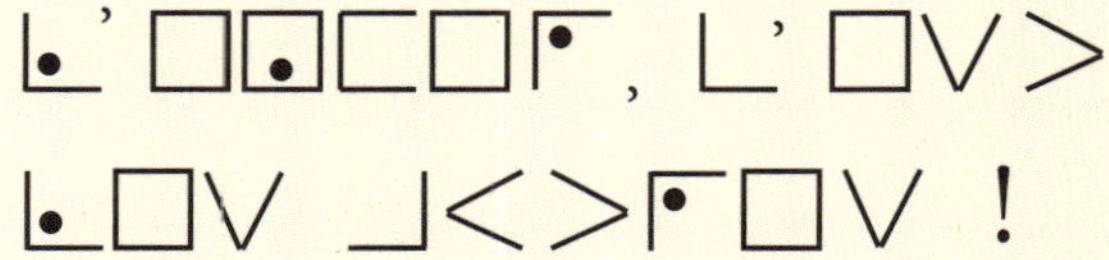

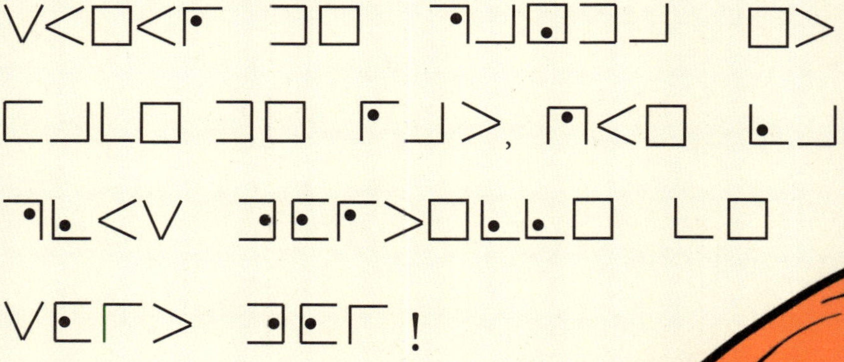

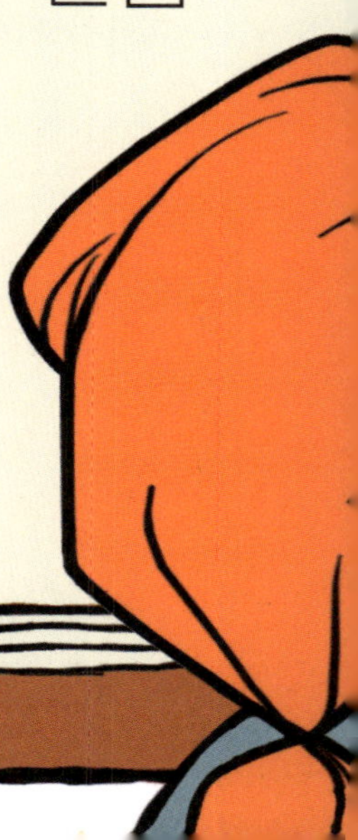

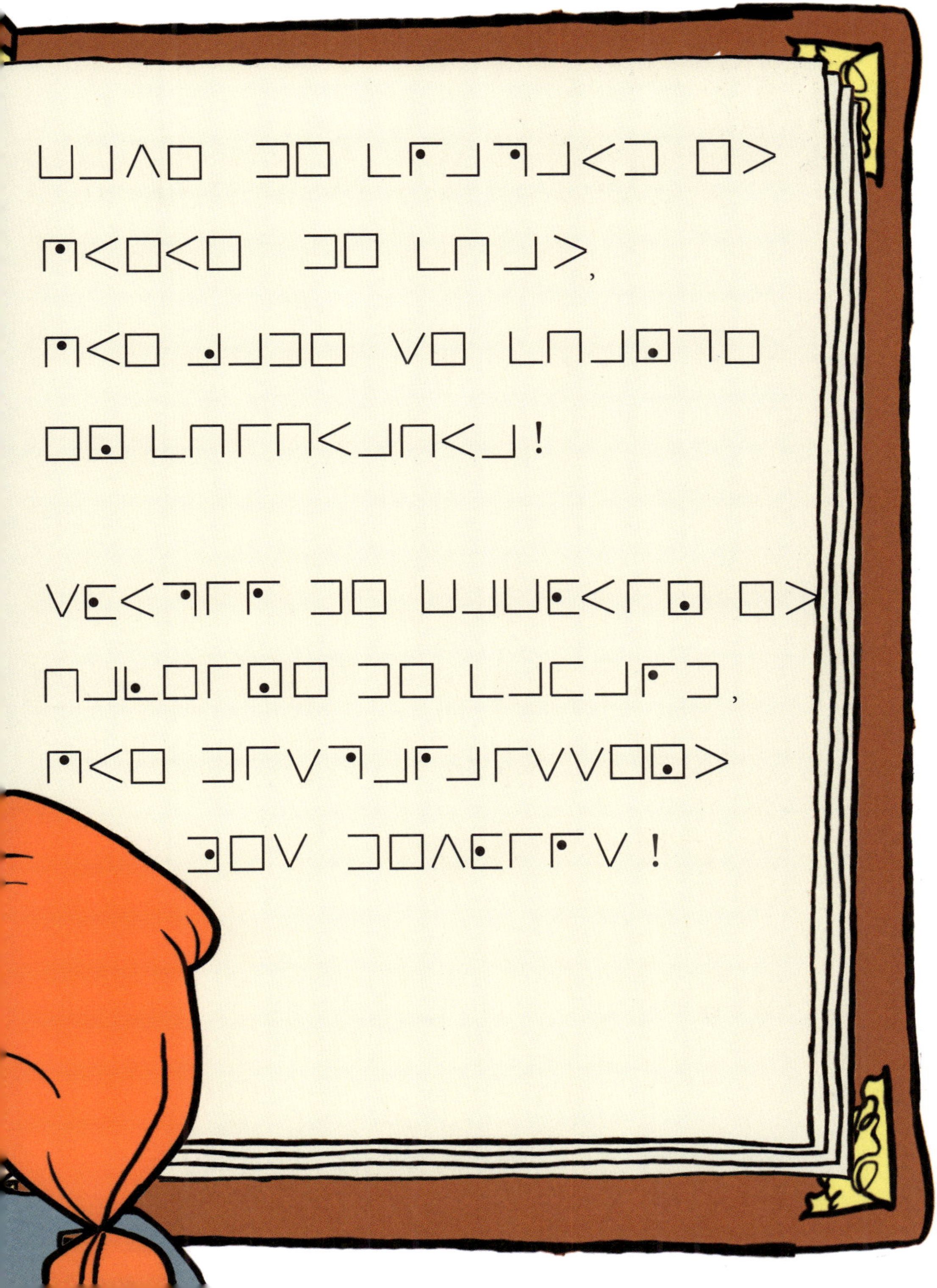

À l'abordage !

Je voulais utiliser une formule de mon grimoire pour créer un golem... Mais c'est Julia qui est apparue après avoir enfoncé la porte du grenier. J'ai pas forcément perdu au change, vu ses cheveux hirsutes à force de m'avoir cherchée partout dans la maison ! Le résultat n'était pas mal... Avant d'avoir trouvé la bonne formule pour lui jeter une malédiction, elle m'a soulevée du sol pour m'emmener à la salle-de-bains.

Aide Adèle à retrouver les 21 mots cachés dans la grille, de gauche à droite, de droite à gauche, de haut en bas, de bas en haut et en diagonale.

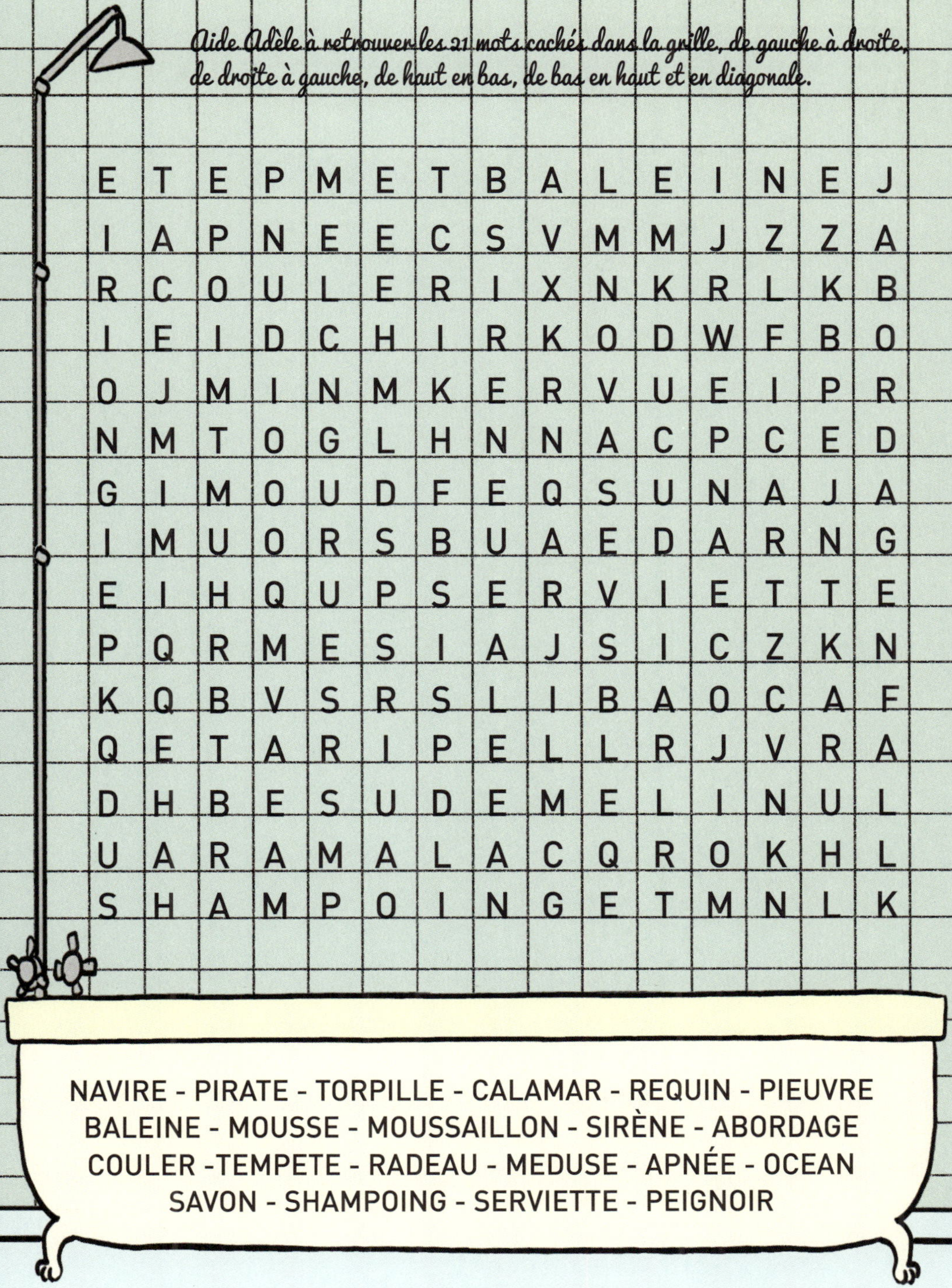

E	T	E	P	M	E	T	B	A	L	E	I	N	E	J
I	A	P	N	E	E	C	S	V	M	M	J	Z	Z	A
R	C	O	U	L	E	R	I	X	N	K	R	L	K	B
I	E	I	D	C	H	I	R	K	O	D	W	F	B	O
O	J	M	I	N	M	K	E	R	V	U	E	I	P	R
N	M	T	O	G	L	H	N	N	A	C	P	C	E	D
G	I	M	O	U	D	F	E	Q	S	U	N	A	J	A
I	M	U	O	R	S	B	U	A	E	D	A	R	N	G
E	I	H	Q	U	P	S	E	R	V	I	E	T	T	E
P	Q	R	M	E	S	I	A	J	S	I	C	Z	K	N
K	Q	B	V	S	R	S	L	I	B	A	O	C	A	F
Q	E	T	A	R	I	P	E	L	L	R	J	V	R	A
D	H	B	E	S	U	D	E	M	E	L	I	N	U	L
U	A	R	A	M	A	L	A	C	Q	R	O	K	H	L
S	H	A	M	P	O	I	N	G	E	T	M	N	L	K

NAVIRE - PIRATE - TORPILLE - CALAMAR - REQUIN - PIEUVRE
BALEINE - MOUSSE - MOUSSAILLON - SIRÈNE - ABORDAGE
COULER -TEMPETE - RADEAU - MEDUSE - APNÉE - OCEAN
SAVON - SHAMPOING - SERVIETTE - PEIGNOIR

Adèle a caché son requin sous la mousse. Pour le retrouver, suis le chemin codé sur le miroir en t'aidant de l'orientation indiquée par la boussole... Bon courage !

7 différences se sont glissées entre ces 2 Adèle. À toi de les trouver !

Seulement 4 photos correspondent à celles qui sont sur le miroir d'Adèle. Les retrouveras-tu ?

Ni vu, ni connu

J'ai intérêt à déguerpir vite fait si je ne veux pas que Julia se mette en tête de vouloir me brosser les cheveux et de m'habiller comme une poupée !

La cachette la plus proche, le placard du buffet dans le salon !
Y a quand même peu de chance que Julia vienne me chercher jusqu'ici ! Au passage, je prends soin de déposer quelques embûches derrière moi pour la ralentir. Rien de bien méchant, quelques billes çà et là dans les escaliers qui mènent ici, pour lui improviser une petite partie de rollers si elle décide de me courir après. Gamelle assurée ! Heureusement pour elle, j'ai épuisé mon stock de grenades samedi dernier à la fête d'anniversaire de Jade, et je suis à court de piège à ours depuis que papa m'a confisqué mon dernier carton. Comme si j'étais capable de faire une bêtise avec... PFFFF... !
J'entends Julia qui va et vient dans le salon, elle n'est pas prête de me mettre la main dessus ! J'ai intérêt à trouver de quoi m'occuper, ça risque d'être long...

Entoure tous les objets qui apparaissent plus d'une fois dans la grille et trouve celui qui ne s'y trouve qu'une fois.

Aide Adèle à retrouver les 21 mots cachés dans la grille, de gauche à droite, de droite à gauche, de haut en bas, de bas en haut et en diagonale.

D	R	O	C	E	R	O	T	I	N	G	O	C	N	I
V	Z	E	Y	R	C	E	G	E	I	P	E	C	D	J
A	J	K	E	T	T	E	H	C	A	C	M	Q	R	W
S	S	U	N	G	A	M	E	N	E	E	P	A	A	A
C	O	N	S	O	L	E	J	G	S	T	O	E	C	B
E	O	D	F	H	D	P	U	L	I	R	U	R	A	R
C	H	O	I	I	A	F	J	Q	T	O	R	E	L	I
N	K	J	E	S	E	W	Z	W	E	I	S	I	P	W
E	W	X	X	R	C	E	M	J	B	T	U	N	G	L
L	W	S	P	X	T	R	R	U	C	S	I	A	E	F
I	T	E	T	R	I	S	E	A	R	R	T	T	R	M
S	A	C	H	U	C	H	O	T	E	M	E	N	T	S
P	E	C	Y	D	J	P	L	A	N	Q	U	E	L	R
B	M	D	Z	T	R	A	Q	U	E	N	A	R	D	I

CONSOLE - TETRIS - RECORD
MAGNUS - CACHETTE
SILENCE - DISCRET
TRAQUENARD
INCOGNITO - TANIERE
PLACARD
CHUCHOTEMENT
ETROIT- BETISE
REFUGE - PIEGE
PLANQUE - ABRI
POURSUITE- IDEE

De toutes ces pièces de Toutris, seules

Toutris

2 sont identiques. Les trouveras-tu ?

Trouve la lettre centrale de chaque cercle, sachant qu'elle est commune aux 4 mots qui la traversent. Tu trouveras alors ce qu'Adèle pense de sa baby-sittrice !

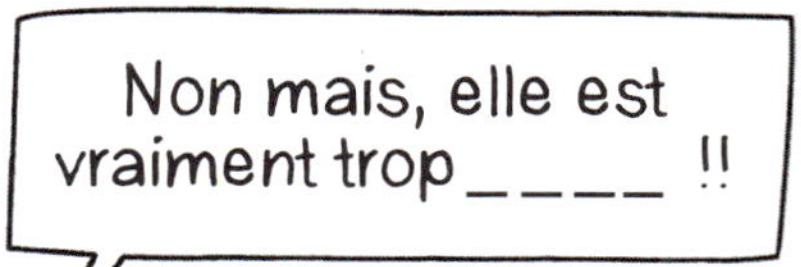

CANDY CRASH

Les 3 petites grilles sont cachées dans la grande. À toi de les trouver le plus vite possible.

TACMAN

Quel chemin doit prendre TacMan pour rejoindre les TacGoms ?

Combien de TacGoms TacMan va-t-il engloutir sur son chemin ?

Une fois arrivé, TacMan découvre des TacGoms qui vont par 4, les Bleus, les Roses, les Rouges et les Oranges. Ils semblent identiques, pourtant parmi les 4 de même couleur, il y a à chaque fois un intrus. A toi de les trouver.

Dans les pions vides, tu dois écrire les chiffres qui permettent d'obtenir le total inscrit au bout de chaque ligne horizontale et verticale.

Combien comptes-tu de pierres précieuses blanches ?... rouges ?... bleues ? ... violettes ?... orange ?... vertes ?... et jaunes ?... Pff !

Prenons l'air !

J'ai bien cru que j'allais étouffer dans ce placard ! Je serai bien mieux en plein air, et avec un peu de chance, je pourrais même croiser un loup-garou, tiens ! Je vais en profiter pour nourrir mes plantes carnivores qui poussent à l'arrière de la maison. Je leur ai donné un nom à chacune : Kali, pour la déesse de la destruction, Athéna, pour la déesse de la guerre, Némésis, pour la déesse de la colère… Bon, après j'ai dû arrêter de donner des noms à mes plantes, parce que maman m'a confisqué mes livres de mythologie. Il paraîtrait que ça a une mauvaise influence sur moi. Tout ça parce que j'ai dit au père Noël du centre commercial que je voulais avoir un cerbère pour Noël. Un chien à trois têtes, c'est quand même super cool, ça ?!

Rien sous la main pour nourrir mes plantes… Tiens, ça me donne une idée. Et si je présentais Julia à mes plantes carnivores ? Je suis sûre que ça se passera aussi bien que la fois où je leur avais présenté Ajax ! Pas de temps à perdre, il faut que j'organise ça avant que Julia ne me retrouve… En plus, ça tombe bien, Kali, Nemesis et Athéna adorent les cervelles de moineau ! Ce soir, c'est livraison à domicile.

Combien de plantes carnivores vertes Adèle doit-elle mettre sur la 3e planche pour qu'elle retrouve son équilibre, comme les deux premières ?

Sans jamais aller en diagonale, trouve le seul chemin que doit emprunter Adèle pour rejoindre l'arrivée. Attention ! Adèle ne peut aller sur une case que s'il y a une plante carnivore en commun avec la case d'où elle vient.

Quel drôle de dé ! À toi de redessiner les bonnes faces dans les bonnes cases, dans le dé mis à plat. Pour t'aider, tu dois bien regarder le dé d'Adèle ci-dessus, que tu peux voir sous 2 angles différents. Attention à bien orienter les images !

Un trèfle à quatre feuilles, voilà ce qu'il faudrait à Adèle...
Mais pas facile à trouver. Il y en a justement un dans le jardin. Le trouves-tu ?

Par ici, la famille !

Comment je pouvais savoir que Julia est ceinture noire de karaté ? Hein ? Elle a mis K.O. mes plantes carnivores d'un revers de main ! Un vrai ninja ! Je me suis carapatée dans la chambre de mes parents pendant qu'elle tordait le cou de Kali ! Je laisse une lettre à papa et maman, juste au cas où Julia décide de me faire subir le même sort que mes plantes. J'écris comment elle m'a torturé avec des jeux de société débiles, qu'elle a cherché à m'empoisonner avec des légumes verts, qu'elle a tenté de me noyer dans un bain rempli de mousse.

J'entends Julia qui m'appelle au rez-de-chaussée. Je profite d'un petit moment de calme avant que la course-poursuite reprenne. Dans la chambre de mes parents, il y a tout un tas d'objets marrants, j'avais jamais vraiment fait attention... Et si je fouillais un peu, histoire de trouver la preuve que mes parents viennent d'une autre planète et que je suis une extraterrestre venue sur terre pour gouverner la race humaine ?

Remets dans l'ordre ces six morceaux du post-it laissé par Adèle à ses parents. Et tu découvriras ce qu'elle leur a écrit !

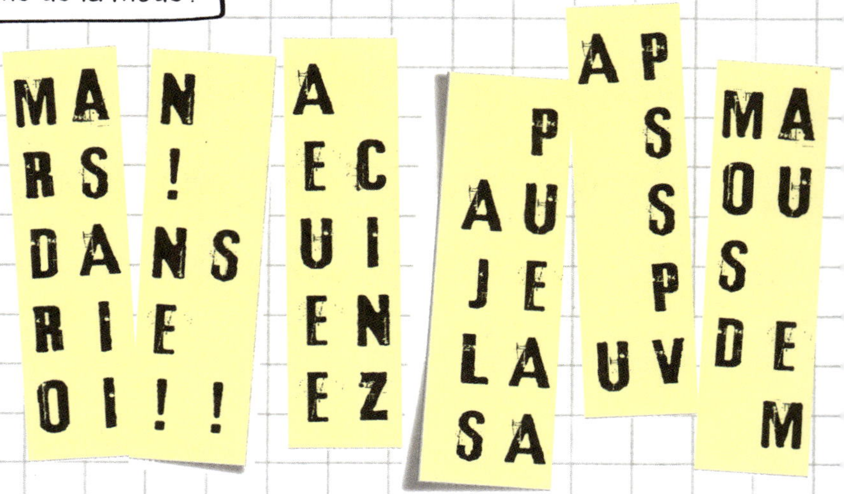

*Aide Adèle à retrouver les 21 mots cachés dans la grille,
de gauche à droite, de droite à gauche, de haut en bas, de bas en haut et en diagonale.*

ARMOIRE - ROBE
COSTUME - PANTALON
PARENT - PAPA
MAMAN - CHAUSSURE
CHAUSSETTE
PARFUM - PROPRE

RANGEMENT
PHOTOGRAPHIE
ORDINATEUR
DESOBEIR - SECRET
CARABISTOUILLE
INTERDICTION - CHUT

C	A	R	A	B	i	S	T	O	U	I	L	L	E	A
G	N	R	O	N	C	I	N	H	R	V	H	Z	O	F
C	S	P	P	D	H	N	E	J	A	R	B	R	L	D
H	E	R	Z	B	U	T	R	C	N	U	V	P	W	T
Q	C	O	P	R	T	E	A	O	G	E	C	H	C	P
A	R	B	A	H	R	R	P	S	E	T	U	O	S	E
C	E	E	N	V	I	D	C	T	M	A	C	T	L	T
P	T	E	T	A	E	I	P	U	E	N	H	O	W	T
A	S	R	A	A	B	C	W	M	N	I	A	G	Z	E
R	G	P	L	A	O	T	C	E	T	D	U	R	B	S
F	F	O	O	P	S	I	X	C	J	R	S	A	S	S
U	T	R	N	A	E	O	U	Y	U	O	S	P	S	U
M	Y	P	I	P	D	N	T	B	L	F	U	H	Y	A
L	J	N	N	A	M	A	M	C	Z	F	R	I	E	H
E	R	I	O	M	R	A	Q	E	N	W	E	E	Z	C

En suivant les pointillés, plie les 2 portes de l'armoire.

1. Ferme et ouvre ton armoire pour vérifier que tous les objets éparpillés sur ces pages sont bien dans l'armoire... Tous ? sauf un ! Lequel ?

2. Et maintenant, ouvre à nouveau l'armoire et cherche quel objet s'y trouve qu'on ne retrouve pas sur ces pages...

Au sous-sol

Ouf, j'ai bien cru que j'allais faire exploser ma chambre à défaut de faire exploser Julia. J'ai bien mérité un peu de repos ici. Aucune chance qu'elle descende à la cave, il fait tellement sombre et humide que même les monstres qui y habitaient ont préféré déménager. Comme je suis sympa, je leur avais noté l'adresse de Geoffroy sur un petit bout de papier. J'entends Julia faire les cent pas à l'étage, j'ai laissé ma blouse de savant fou à côté d'un petit tas de cendres (ça prend vite feu, les ours en peluche!), elle doit croire que j'ai explosé avec ma potion! Quand papa et maman rentreront, je sortirai de ma cachette et je leur raconterai que Julia est une dangereuse psychopathe qui s'est enfuie d'un asile, qu'elle a voulu faire des expériences scientifiques sur moi et que je suis tellement traumatisée qu'ils vont devoir m'offrir une nouvelle catapulte et un alligator pour me consoler!

Pour fabriquer ta boîte «cerceuil», détache la planche pré-découpée suivant les pointillés.
Puis retourne la page pour suivre les indications de montage de la boîte.

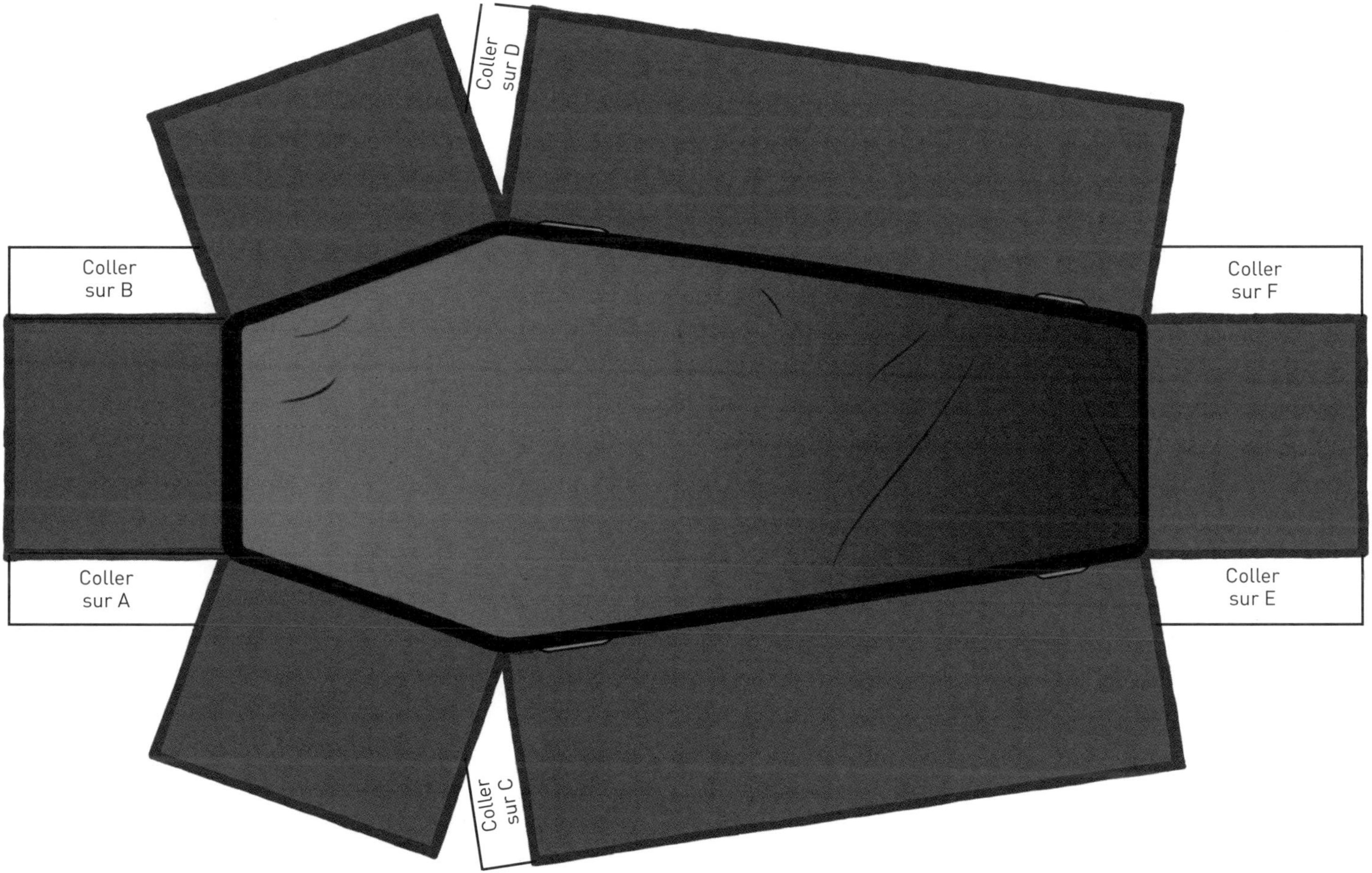

Découpe en suivant les lignes en pointillés. Plie le long des lignes pleines.
Enfin colle les 6 petites languettes pour former la boîte, A sur A, B sur B, ainsi de suite de A à F.

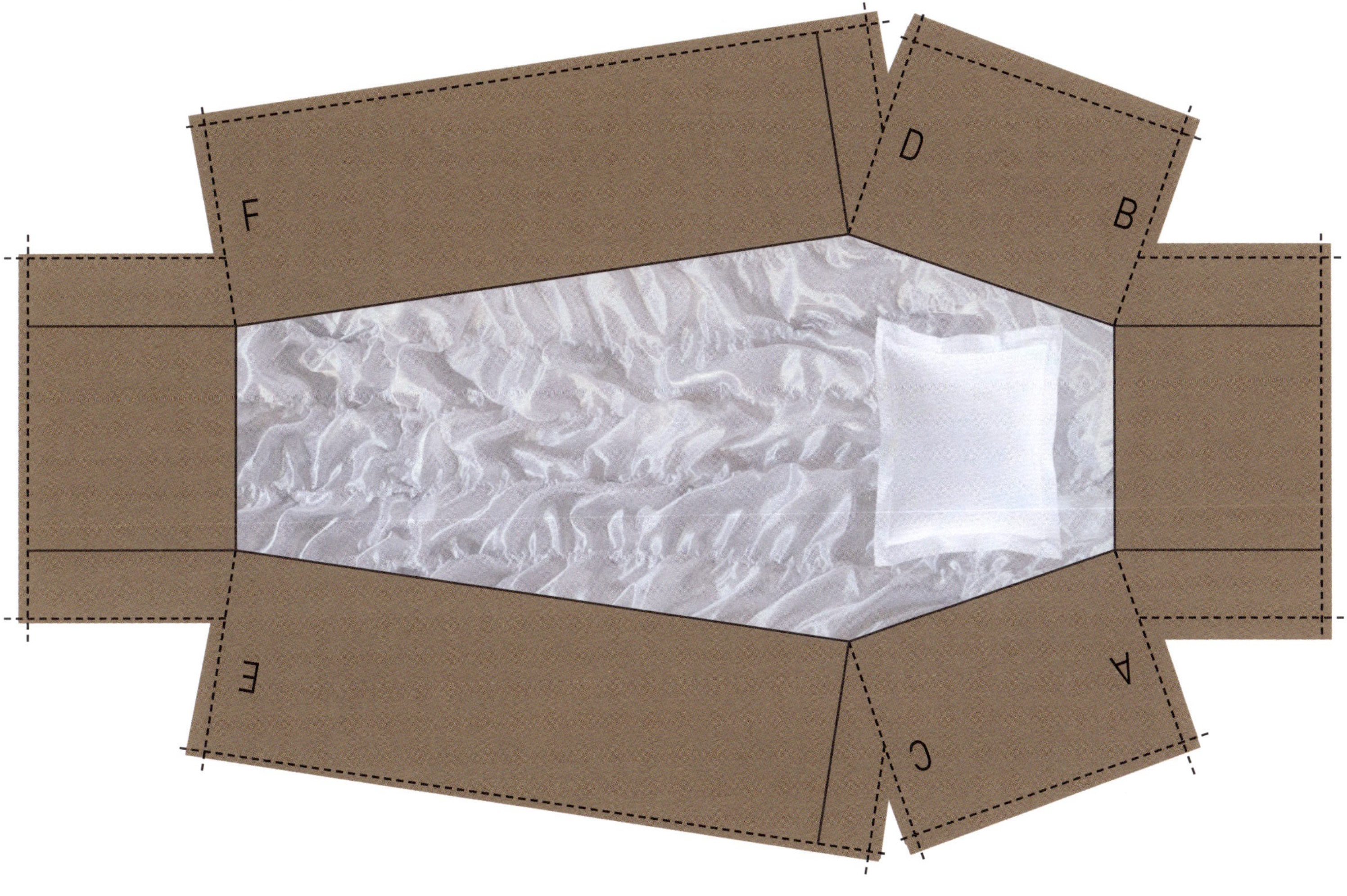

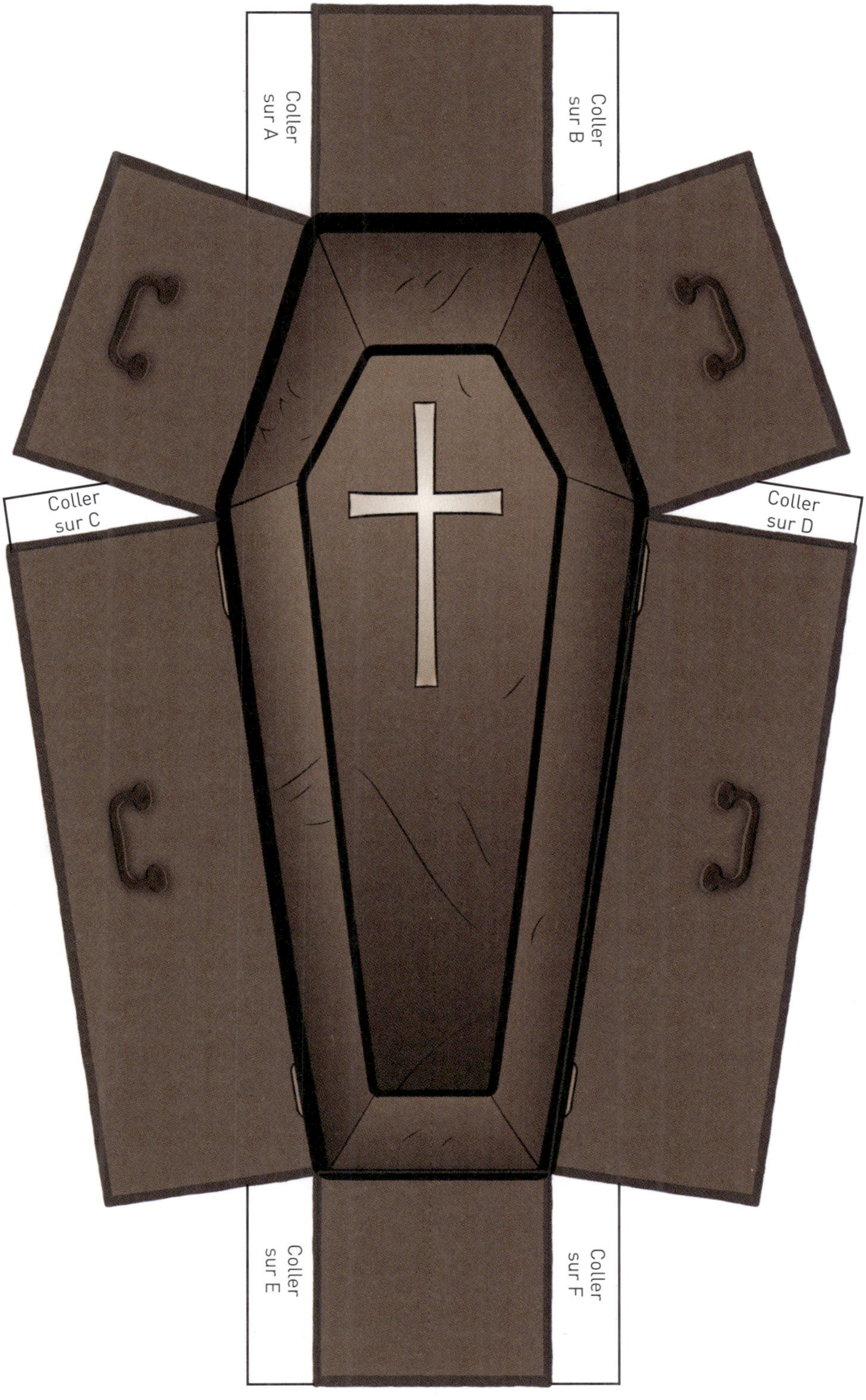

Pour fabriquer le couvercle, détache la planche pré-découpée suivant les pointillés.
Puis retourne la page pour suivre les indications de montage de la boîte.

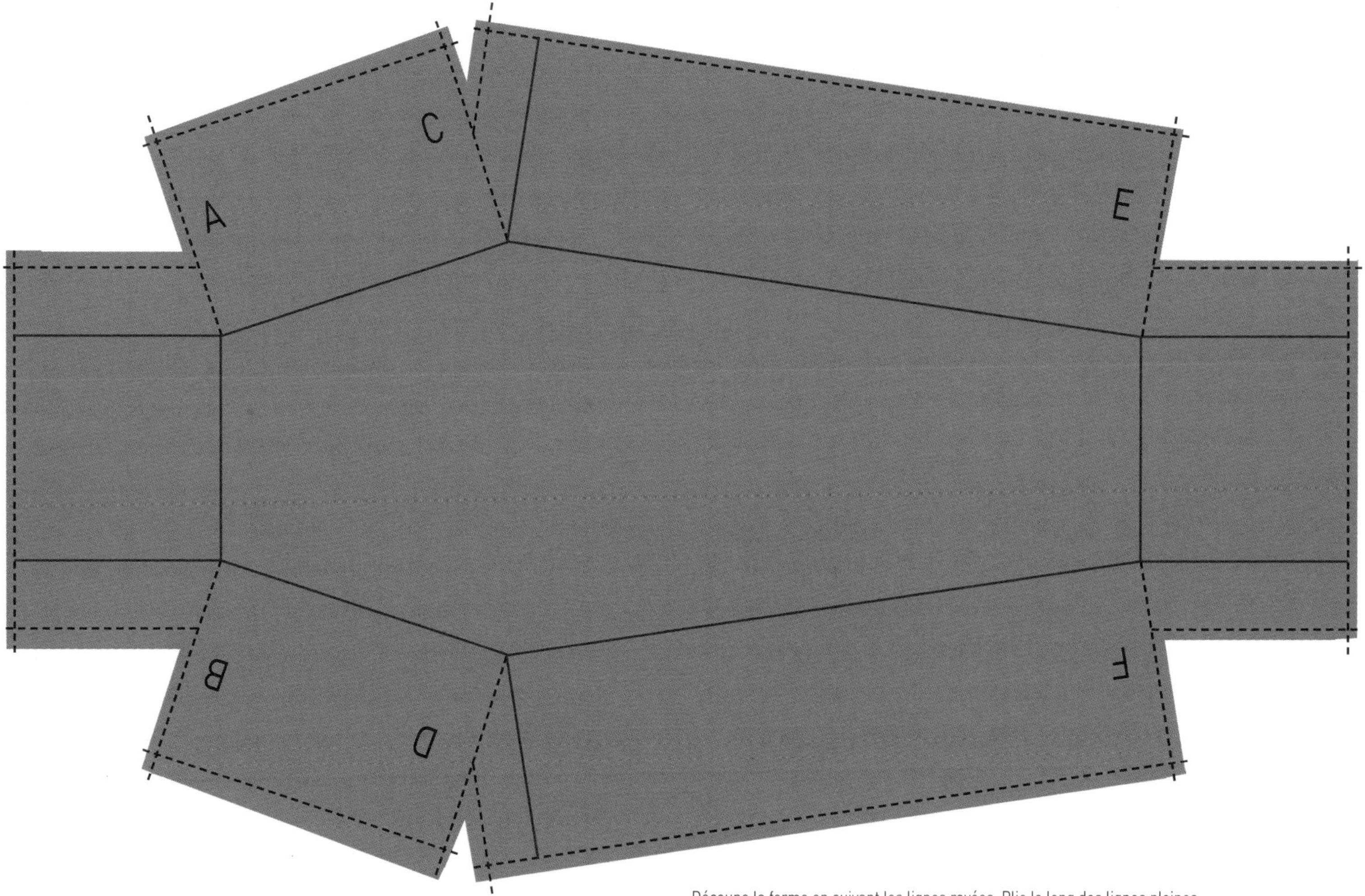

Découpe la forme en suivant les lignes rayées. Plie le long des lignes pleines.
Enfin colle les 6 petites languettes pour former le couvercle, A sur A, B sur B, ainsi de suite de A à F.

Aide Adèle à retrouver les 19 mots cachés dans la grille, de gauche à droite, de droite à gauche, de haut en bas, de bas en haut et en diagonale.

K	I	A	U	K	X	M	O	R	T	E	L	O	A	U
E	I	B	M	O	Z	E	I	V	O	M	B	R	E	G
W	R	S	O	T	O	D	E	M	O	T	N	A	F	R
E	C	H	U	N	W	H	L	I	E	U	C	R	E	C
S	O	X	D	E	H	S	I	R	U	O	S	T	P	P
O	W	V	V	M	K	Z	S	J	Y	H	I	S	P	S
M	E	T	N	E	M	E	U	Q	A	R	C	K	A	O
B	N	U	V	L	V	V	N	U	U	J	Q	X	M	C
R	X	Y	V	B	W	E	I	C	B	A	P	R	O	J
E	R	I	P	M	A	V	S	S	F	D	E	A	N	T
X	V	P	I	E	R	B	P	Q	D	E	C	Z	S	E
C	A	T	A	R	O	A	Z	O	G	K	Q	A	T	X
V	M	W	D	T	E	R	R	A	Z	I	B	B	R	S
Q	M	A	C	H	I	A	V	E	L	I	Q	U	E	C
G	U	T	R	O	U	I	L	L	E	T	L	D	W	G

OBSCURITE - SOURIS
RAT - OMBRE - FANTOME
MONSTRE - BAZAR
BIZARRE - SOMBRE
CERCUEIL - JADE
CRAQUEMENT - MORTEL

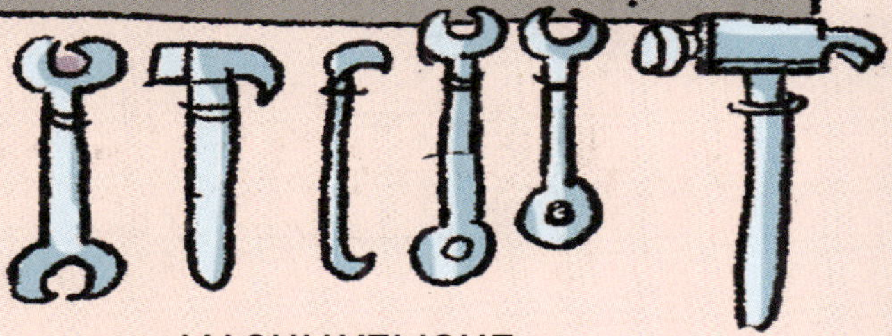

MACHIAVELIQUE
TREMBLEMENT
TROUILLE - VAMPIRE
ZOMBIE - OWEN

Où Adèle doit-elle poser sa dernière planche pour pouvoir récuprérer tous ses outils sans jamais revenir sur ses pas ?

Tu clones Owen?
Même pas! Je cherche les 7 différences
Tu veux de l'aide?
Trop tard. Je les ai trouvé...
TALES FROM THE CRYPT
2
24
7
5
13
1
16
4
8
10
5
17
3
7
19
Pour finir la tête d'Owen, il manque à Adèle 3 éléments, qui sont tous dans un seul de ces 3 mixer. Comment les trouver? On sait que la somme de ces 3 éléments fait 30 points! Quels sont ces 3 éléments? Dans quel mixer les prend-elle?

Les 4 membres d'Owen que tu vois dans le carré en haut à gauche n'apparaissent positionnés exactement de la même manière qu'une seule fois dans le reste de la grille. A toi de les retrouver pour aider Adèle à finir son petit monstre !

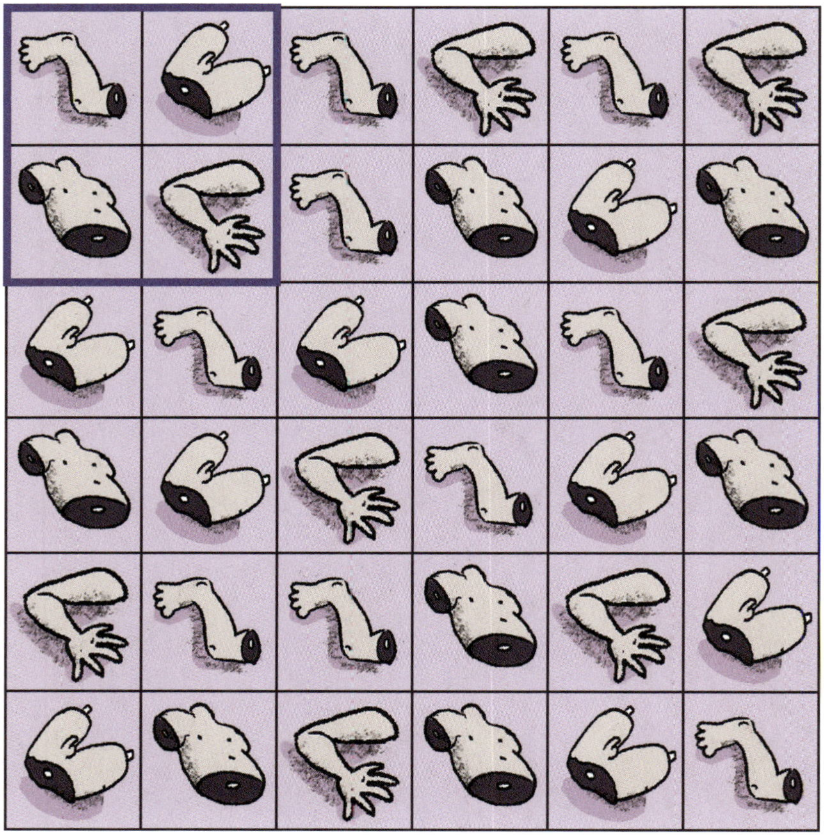

Aide Owen à trouver le bon chemin qui mène à la sortie.

Fatigue passagère

Julia m'a retrouvé jusque dans la cave! Je ne me suis pas laissée faire, j'ai couru comme une flèche. Mais elle a de sacrées bonnes baskets Julia! Cette course-poursuite m'a épuisée...

Je suis lessivée, incapable de bouger. Il faut que je reprenne des forces. Quoi de mieux pour se remotiver que de torturer cette andouille d'Ajax? Ça m'aide toujours à retrouver le moral et la forme! Julia a dit qu'elle n'essaierait pas de m'en empêcher, ça fait partie de notre trêve. Tu parles, elle aussi elle a besoin de souffler un peu... Tandis qu'Ajax dort, je me faufile derrière lui avec une guirlande de pétards, le réveil risque d'être un peu brutal!

Quel chemin doit prendre Adèle pour surprendre Ajax et trouver sur son passage quatre fois plus d'étoiles que de points et deux fois plus de points que de flèches?

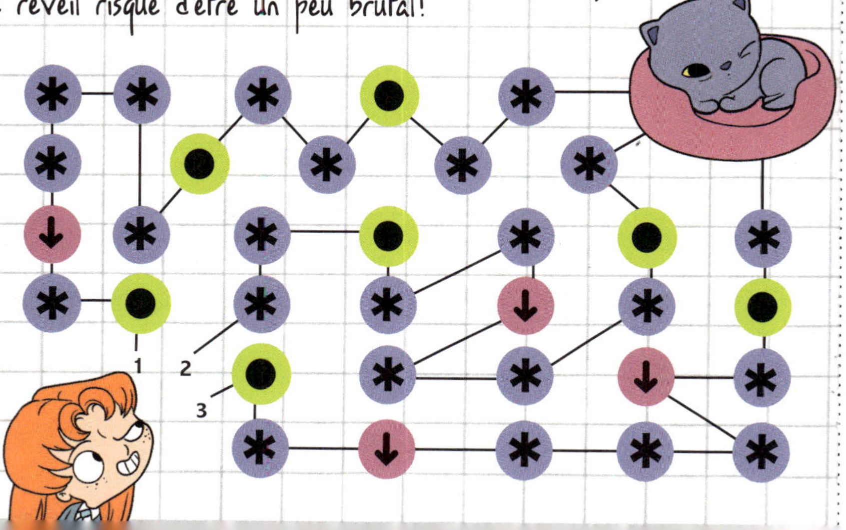

Ne t'inquiète pas, Ajax... Tout va bien se passer.
Adèle est-elle bien en train de tirer sur la bonne corde pour envoyer Ajax se balader dans les étoiles ?
A
B
C

Au secours ! À l'aide !!
Si tu veux aider Adèle à sauver Ajax des flammes, dans quel sens lui conseilles-tu d'actionner le levier ? Vers A ou vers B ?
Est-ce que j'ai vraiment envie ?...
A
B

Top Secret

Tout ce boucan n'a pas réveillé Julia qui est toujours assoupie. Tu parles d'une baby-sittrice ! J'ai pris une photo d'elle pour pouvoir la faire chanter plus tard, quand papa et maman rentreront. Si elle refuse de dire que j'ai été sage, je dirai qu'elle n'a fait que dormir et que j'étais seule et livrée à moi-même toute la soirée ! Je vais en profiter pour chercher d'autres preuves accablantes pour Julia... Il doit bien y avoir quelque chose dans son sac à main qui démontre que c'est une folle psychopathe !

Alors, voyons voir ce qu'il y a d'autres là-dedans...

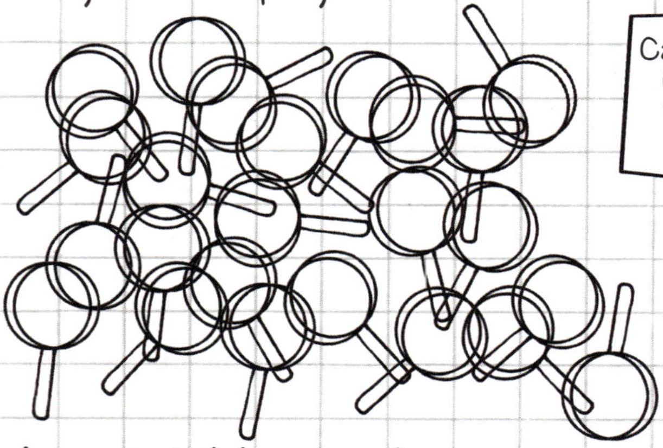

Combien comptes-tu de loupes sur ce dessin ?

Entre la gauche et la droite du dessin, Adèle a égaré un objet du sac de la baby-sittrice. Lequel ?

Trouve le chemin par lequel Adèle doit s'enfuir, et note les mots dans l'ordre de passage pour découvrir ce que lui crie la baby-sittrice !

Aide Adèle à retrouver les 19 mots cachés dans la grille,
de gauche à droite, de droite à gauche, de haut en bas, de bas en haut et en diagonale.

U	O	D	Z	P	E	S	T	O	U	I	L	L	E	N
E	N	Q	U	I	Q	U	I	N	E	U	S	E	J	U
R	L	N	K	J	O	F	E	F	X	E	W	M	H	N
E	F	B	U	X	F	A	P	V	T	T	L	E	T	U
T	S	I	P	X	E	S	A	C	R	L	L	G	Q	C
T	I	N	Y	D	T	H	G	N	A	B	V	A	U	H
I	N	B	T	A	T	I	E	F	T	R	R	L	S	E
S	R	R	H	I	E	O	N	I	E	A	M	L	E	G
Y	E	O	H	L	L	N	D	L	R	C	U	I	I	N
B	V	S	D	U	L	E	A	S	R	E	T	U	A	A
A	Z	S	V	J	I	L	W	J	E	L	A	Q	N	R
B	Z	E	C	C	A	R	V	W	S	E	N	A	N	F
Z	E	N	O	H	P	E	L	E	T	T	T	M	O	P
F	P	O	O	D	V	P	D	H	R	Z	K	V	M	E
Z	M	A	S	C	A	R	A	M	E	X	X	V	C	V

BABYSITTER – JULIA – MAQUILLAGE – MASCARA –
BROSSE – TELEPHONE – MONNAIE – FRANGE – NUNUCHE –
VERNIS – ENQUIQUINEUSE – AGENDA – PESTOUILLE –
MUTANT – EXTRATERRESTRE – FASHION
PAILLETTE
BRACELET
PERLE

Folle ou pas folle ?

Julia n'a pas vraiment apprécié de voir son sac à main sans dessus-dessous ! Moi je pense qu'elle avait surtout peur que je trouve quelque chose de compromettant ! D'ailleurs, je n'ai pas dit mon dernier mot, je compte bien découvrir les secrets de Julia ! Une baby-sittrice aussi coriace ne peut pas être humaine, c'est impossible ! Elle est forcément le fruit d'une expérience de laboratoire, une créature mi-humaine mi-robot, ou pire, une nouvelle espèce de baby-sittrice mutante ! Pour en avoir le cœur net, je vais devoir lui faire passer une batterie de tests, mais pour ne pas trop éveiller ses soupçons, il va falloir que je me prête au jeu moi aussi...

Oui, mais lequel est-ce ?! Ben, celui qui est sous un sac vert, à côté d'un sac jaune lui-même à côté d'un cabas bleu, et au-dessus d'un sac noir, lequel est au-dessus d'un sac vert placé à côté d'un sac rose...

LA SALIERE MAUDITE

Après avoir monté ta salière (voir au verso), tu peux jouer avec tes amis, tes parents, ta baby-sittrice !

Demande un chiffre, et compte en ouvrant ta salière dans un sens, puis dans l'autre.

Puis demande de choisir une des 4 couleurs qui apparaissent wen ouvrant ta salière.

Pose la question, puis soulève la languette pour lire la réponse correpondante.

Es-tu cap de...

...toucher ton coude avec ta langue ?

Tu es vraiment...

aussi MORTEL(LE) qu'Adèle !

Es-tu cap de crier

« Poussez-vous les moches ! » en arrivant à l'école ?

mortelle

ADÈLE

Es-tu cap de...

...dire «Mortelle Adèle» A L'ENVERS cinq fois de suite ?

aussi bête qu'Owen ! Mais comment tu fais ?!

Tu es vraiment...

aussi MOCHE que Jade ! Pas de bol !

Tu es vraiment...

Essaie-les en croque-monsieur avec du ketchup !

Tu aimes les petits lapins mignons ?

Bah vas-y sers-toi, y en a plein la poubelle !

Tu aimes les légumes verts ?

❶ Rabat les pointes sur le centre, en suivant les lignes pointillées. Les 4 images d'Adèle se voient sur le dessus.

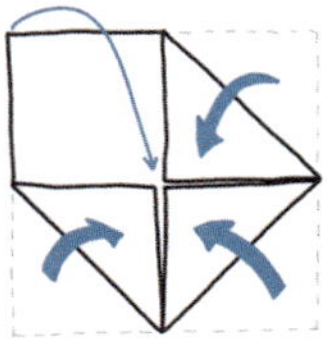

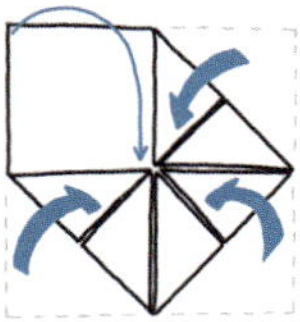

❷ Retourne le pliage et rabats les quatre nouveaux angles.

❸ Retourne à nouveau ton pliage.

❹ Plie comme sur le schéma.

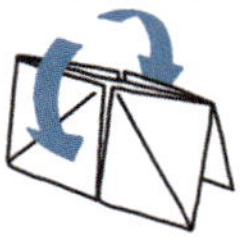

❺ Déplie et plie dans l'autre sens.

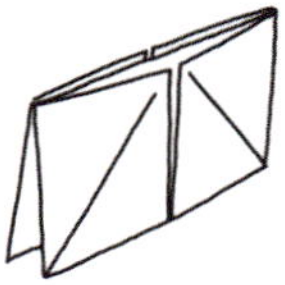

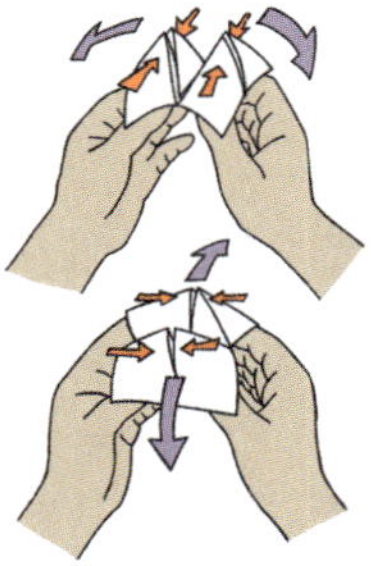

❻ Retourne ton pliage. Place tes pouces et tes index dans les creux de la salière.

En utilisant, une seule fois chacun, les chiffres de 1 à 9 (sauf le 5 !), remplis les ronds de la grille de telle façon que chaque rangée, chaque colonne et chacune des 2 diagonales te donne un total égal à 15...

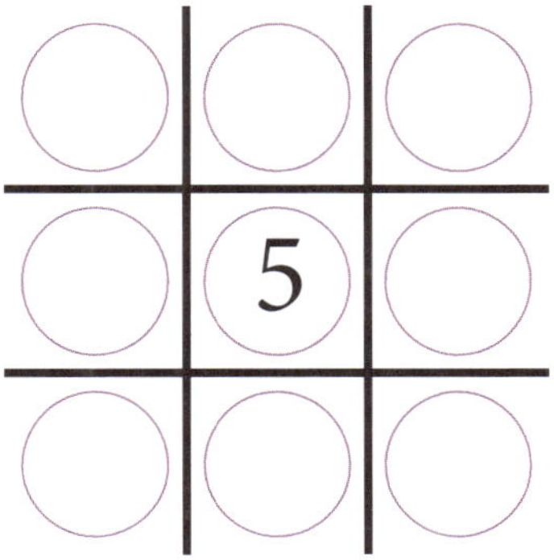

024	420	402	042	204	042	024
240	042	204	402	420	024	402
420	024	420	024	204	402	042
402	240	402	042	024	204	240
042	402	024	420	402	042	024
024	204	420	402	240	204	042
240	042	204	402	420	024	402
420	024	420	024	204	402	042
402	240	402	042	024	204	240
024	420	402	042	204	042	420
402	420	024	402	042	402	024
024	204	402	042	024	204	420
042	024	204	240	240	042	204
420	402	042	024	420	024	420

Quel est le nombre qui est le plus de fois représenté dans ce tableau ?

Les huit dinos d'Adèle se ressemblent tous, au détail près.
Seule Adèle sait les reconnaître.
Elle leur a évidemment donné des surnoms.
Par savoir comment s'appelle chacun d'eux, sache que :

Alors, j'ai tout bon, Adèle ? Ben pourquoi tu te mets dans cet état...

Dans chacun des morceaux détachés, il y a une différence par rapport à la photo originale... Les trouveras-tu ?

Cranemou est entre Zarbik et Dendur. Il y a autant de dinos entre Dendur et Adèle qu'entre Sandy et Dendur. Sandy est le plus éloigné d'Adèle. Zarbik est plus près d'Adèle que Cranemou. Beurky est plus loin de Sandy que Slurp. Darkangel est entre Obinowan et Slurp. Obinowan est plus loin de Beurky que Slurp. Alors... qui est qui ?

Enfin libre !

J'entends les clés dans la serrure de la porte d'entrée. C'est papa et maman qui rentrent... Je n'ai même pas la force de regarder autour de moi l'état du salon. J'ai bien peur qu'entre mes expériences, mes pièges et toutes nos courses-poursuites, toute la maison soit un peu sans dessus-dessous ! Je me redresse dans le canapé, papa et maman sont inquiets en rentrant dans le salon.

Julia se tient là, souriante.
Tout est propre et bien rangé, j'hallucine, elle est magicienne en plus ?
Impossible...
Mes parents ont été tellement contents de retrouver la maison en ordre, qu'ils ont décidé de faire de Julia ma nouvelle baby-sittrice...

La prochaine fois, je ne la louperai pas !

Les solutions

Page 4

- Les 7 erreurs

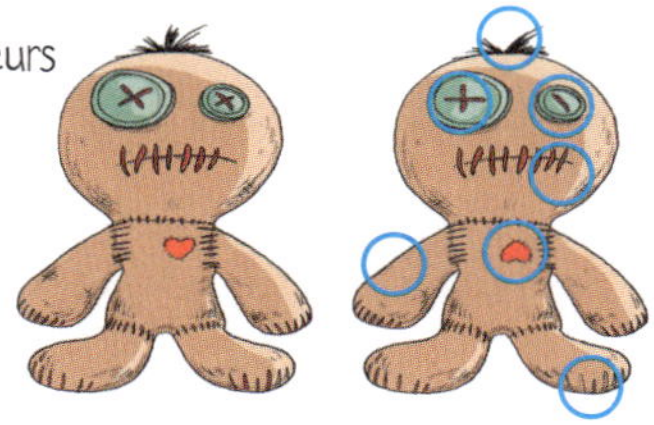

Page 5

- Non, Adèle s'est trompée ! La bonne corde est la troisième.

Pages 6-7

- 56 perles roses et 57 jaunes.
- Les carrés 3, 4, 5 et 6 sont les bons.

Pages 8-9

- L'agenda d'Adèle.

- Ortho-graphe

Pages 10-11

- La bonne opération :

$$326 + 325 = 651$$

- Les fables de Le Fontaine :

La cigale et la fourmi
Le corbeau et le renard
Le loup et l'agneau
Le renard et la cigogne
Le lion et le rat
Le lièvre et la tortue
Le rat et l'éléphant

Page 15

- 12 triangles
- L'heure exacte : 7 heures 05.

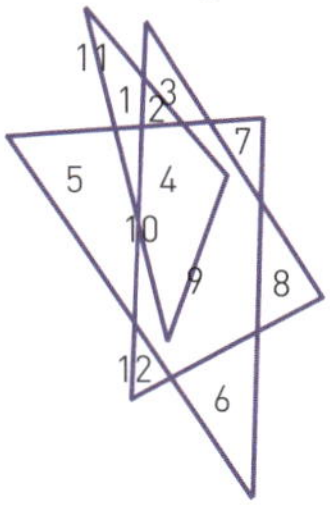

- Les trois pots

Pages 16-17

- Le cheval **B** arrive le premier.

- Les princesses : Aurore, Pocahontas, Jasmine et Cendrillon.

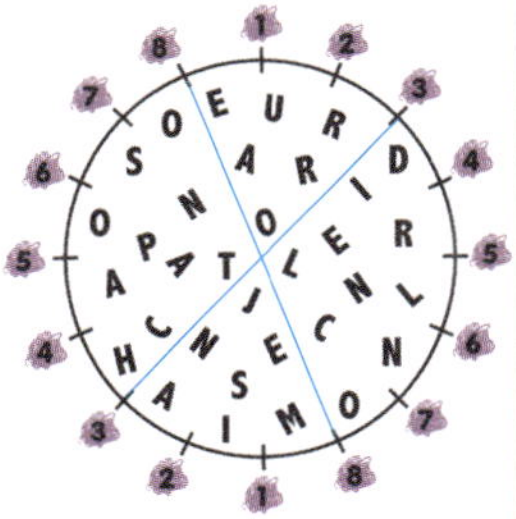

Page 17

Pages 18-19

- Julia a écrit son prénom sur la face *a* du ruban.

Page 20

- Les 7 erreurs

Page 25

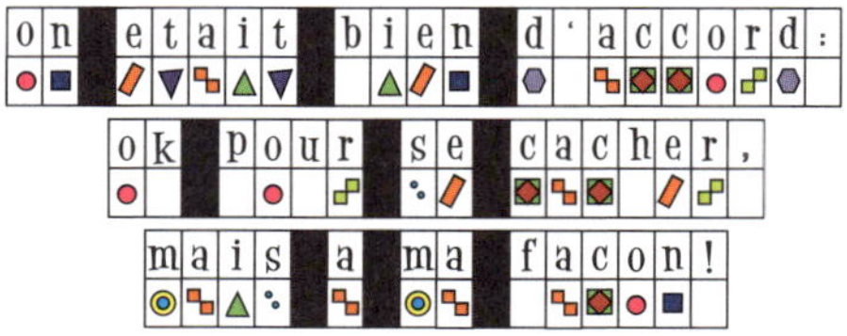

- Les bonnes ombres.

Pages 26-27

- Verser le contenu du verre E dans le verre B.

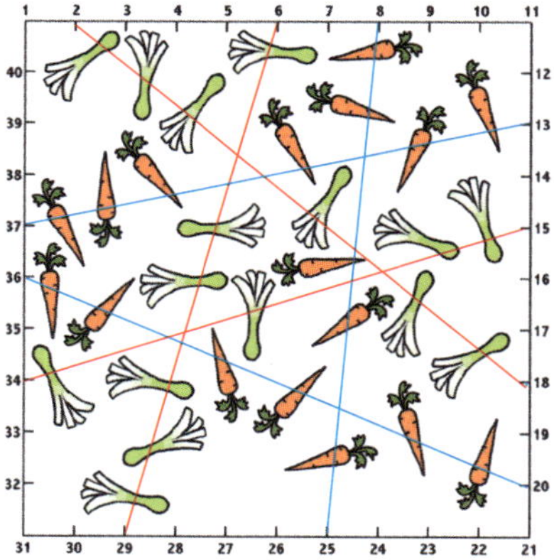

- PEPITE

Page 28

Page 31

- <u>Les six gâteaux</u> :
éclair
macaron
tiramisu
crumble
gaufre
tartelette

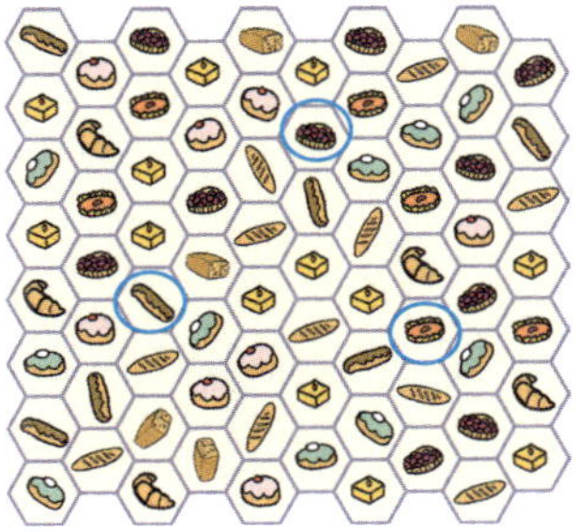

Page 35

- Être ou ne pas être, telle est la question.
J'ai déjà perdu la tête une fois, mais je l'ai retrouvée !
Un ami imaginaire peut-il avoir un ami imaginaire ?
Dire que j'ai peur des fantômes, alors que j'en suis un !

Page 36

- On ne se serait pas croisés pendant la révolution ?
J'ai l'air de plaisanter ?
Zut, j'ai oublié mon goûter dans l'au-delà.
Mourir de rire ou mourir d'ennui, j'hésite.

Page 38-39

- L'enfer c'est les autres !
Sueur de panda et face de rat, que la plus mortelle ce soit moi !
Bave de crapaud et queue de chat, que Jade se change en chihuahua !
Soupir de babouin et haleine de cafard, que disparaissent mes devoirs !

Page 41

E	T	E	P	M	E	T	B	A	L	E	I	N	E	J
I	A	P	N	E	E	C	S	V	M	M	J	Z	Z	A
R	C	O	U	L	E	R	I	X	N	K	R	L	K	B
I	E	I	D	C	H	I	R	K	O	D	W	F	B	O
O	J	M	I	N	M	K	E	R	V	U	E	I	P	R
N	M	T	O	G	L	H	N	N	A	C	P	C	E	D
G	I	M	O	U	D	F	E	Q	S	U	N	A	J	A
I	M	U	O	R	S	B	U	A	E	D	A	R	N	G
E	I	H	Q	U	P	S	E	R	V	I	E	T	T	E
P	Q	R	M	E	S	I	A	J	S	I	C	Z	K	N
K	Q	B	V	S	R	S	L	I	B	A	O	C	A	F
Q	E	T	A	R	I	P	E	L	L	R	J	V	R	A
D	H	B	E	S	U	D	E	M	E	L	I	N	U	L
U	A	R	A	M	A	L	A	C	Q	R	O	K	H	L
S	H	A	M	P	O	I	N	G	E	T	M	N	L	K

Page 42

Page 43

- Les 7 différences

- Les 4 photos

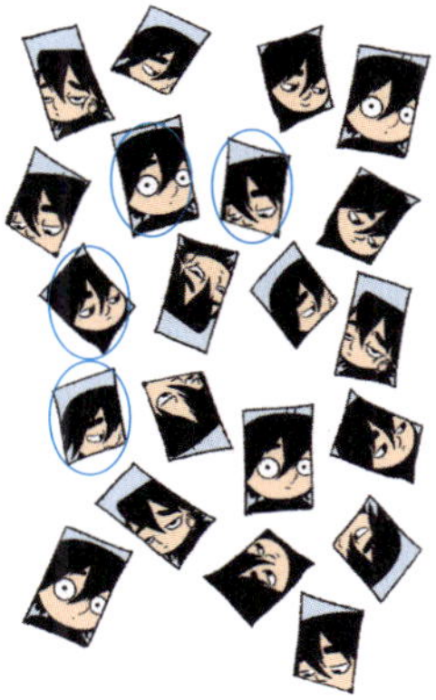

Les solutions

Pages 44-45

- L'objet unique

D	R	O	C	E	R	O	T	I	N	G	O	C	N	I
V	Z	E	Y	R	C	E	G	E	I	P	E	C	D	J
A	J	K	E	T	T	E	H	C	A	C	M	Q	R	W
S	S	U	N	C	A	M	E	N	E	E	P	A	A	A
C	O	N	S	O	L	E	J	G	S	T	O	E	C	B
E	O	D	F	H	D	P	U	L	I	R	U	R	A	R
C	H	O	I	I	A	F	J	Q	T	O	R	E	L	
N	K	J	E	S	E	W	Z	W	E	I	S		P	W
E	W	X	X	R	C	E	M	J	B	T	U	N	G	L
L	W	S	P	X	T	R	R	U	C	S	I	A	E	F
	T	E	T	R	I	S	E	A	R	R	T	T	R	M
S	A	C	H	U	C	H	O	T	E	M	E	N	T	S
P	E	C	Y	D	J	P	L	A	N	Q	U	E	L	R
B	M	D	Z	T	R	A	Q	U	E	N	A	R	D	I

Page 46

- 2 pièces identiques

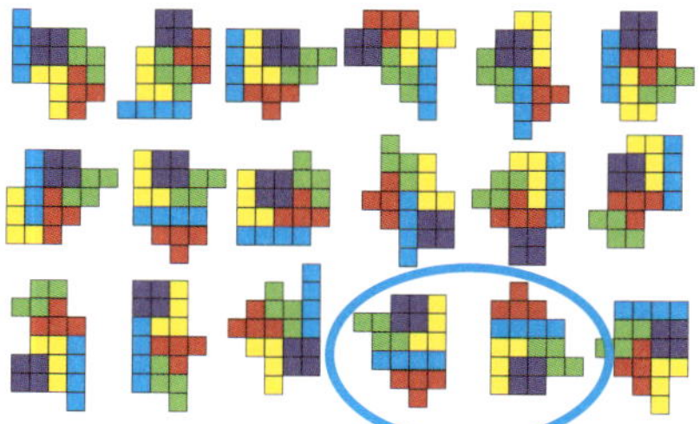

- Ce qu'Adèle pense de la baby-sittrice : NAZE

Page 47

- Candy Crash

Pages 48-49

- TacMan engloutit 9 TacGoms.

- 25 pierres blanches, 19 rouges, 23 bleues, 31 violettes, 38 orange, 29 vertes, 26 jaunes.

Pages 50-51

- Adèle doit mettre 5 plantes vertes sur la planche.

Pages 52-53

- Les faces du dé.

- Les cailloux 2, 3, 4, 5, 7, 10, 11, 12, 13, 17 et 19 touchent la pomme.

Pages 54-55

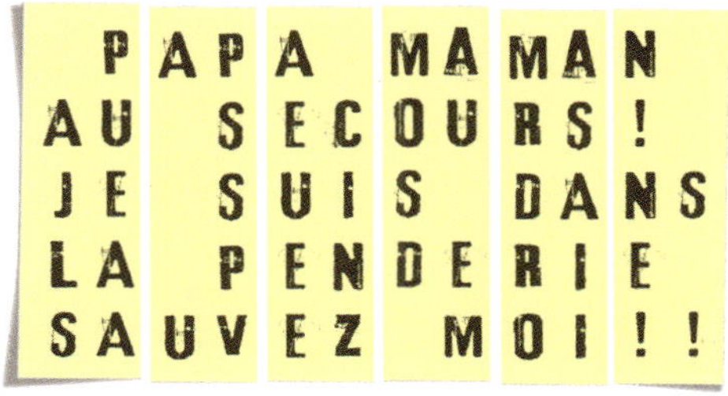

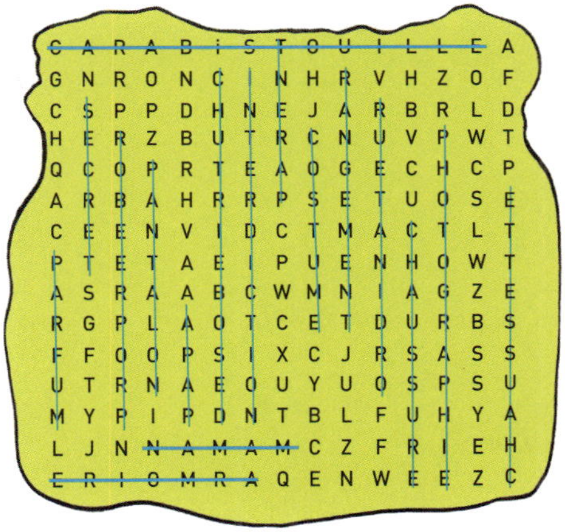

Page 57

1. Les raquettes jaunes.
2. Le pull bleu marine.

Page 62

- Adèle cherche une P L A N C H E

Les solutions

Page 67

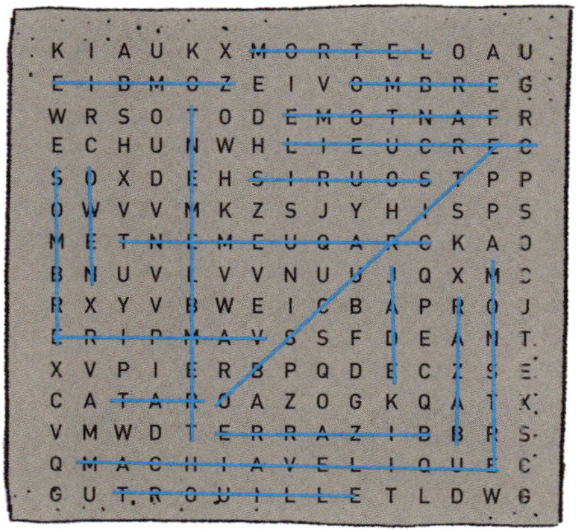

Page 68

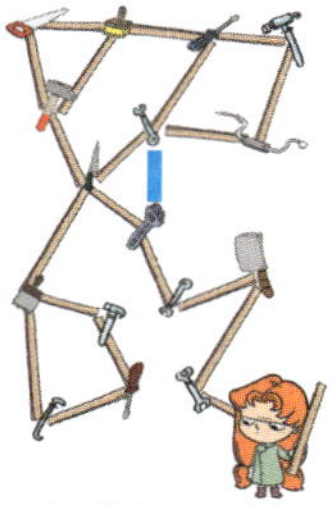

Page 69

Page 70-71

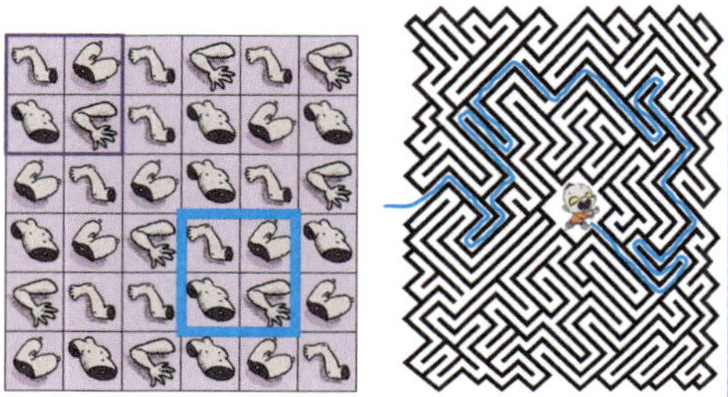

Page 72

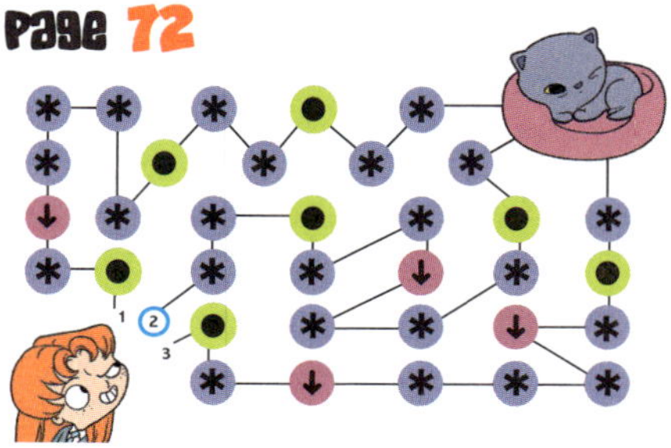

- 8 ✱ 2 ● 1 ↓

Page 77

- Oui, corde B. • Vers B.

Pages 78-79

- 24 loupes

Pages 80-81

- La baby-sittrice dit :
"Tu vas me rendre ça tout de suite."

U	O	D	Z	P	E	S	T	O	U	I	L	L	E	N
E	N	Q	U	I	Q	U	I	N	E	U	S	E	J	U
R	L	N	K	J	O	F	E	F	X	E	W	M	H	N
E	F	B	U	X	F	A	P	V	T	T	L	E	T	U
T	S	I	P	X	E	S	A	C	R	L	L	G	Q	C
T	I	N	Y	D	T	H	G	N	A	B	V	A	U	H
I	N	B	T	A	T	I	E	F	T	R	R	L	S	E
S	R	R	H	I	E	O	N	I	E	A	M	L	E	G
Y	E	O	H	L	L	N	D	L	R	C	U	I	I	N
B	V	S	D	U	L	E	A	S	R	E	T	U	A	A
A	Z	S	V	J	I	L	W	J	E	L	A	O	N	R
B	Z	E	C	C	A	R	V	W	S	E	N	A	N	F
Z	E	N	O	H	P	E	L	E	T	T	T	M	O	P
F	P	O	O	D	V	P	D	H	R	Z	K	V	M	E
Z	M	A	S	C	A	R	A	M	E	X	X	V	C	V

Page 82

Page 85

2	7	6
9	5	1
4	3	8

2	9	4
7	5	3
6	1	8

4	3	8
9	5	1
2	7	6

4	9	2
3	5	7
8	1	6

6	1	8
7	5	3
2	9	4

6	7	2
1	5	9
8	3	4

8	1	6
3	5	7
4	9	2

8	3	4
1	5	9
6	7	2

- **024** est le nombre représenté le plus grand nombre de fois dans le tableau..

Pages 86-87